Manual para sobrevivir en clase

Manual para sobrevivir en clase

Antonio María Hernández

Manual para sobrevivir en clase

Primera edición: 2026

ISBN: 9791387985127
ISBN eBook: 9791387985639
Depósito legal: SE 585-2026

© de los textos:
 Antonio María Hernández

© de esta edición:
 Editorial Aula Magna, 2026. McGraw-Hill Interamericana de España S.L.
 editorialaulamagna.com
 info@editorialaulamagna.com

Impreso en España – Printed in Spain

*A mi amada esposa, que tanto me enseña
con su vida tan entregada. Eres luz en mi sendero.
A mis tres hijos, que tanta alegría y buenos
momentos me brindan cada día.
Gracias por todo. Os quiero.*

Índice

Algo pasa en esta sociedad...

Después de tantos años dando clase de matemáticas (y a veces también de ciencias naturales, alternativa a la religión, inglés o educación en valores), parece que se aprecia que estamos experimentando en la sociedad y también en los centros educativos ciertos terremotos que cada vez son más frecuentes: adolescentes que no quieren hacer nada, niños y niñas que dormitan en clase después de una noche frente a una pantalla (móvil, tableta . . .), consumiendo algún tipo de contenido más o menos sospechoso de ser educativo, dispersión de conocimientos o excesiva especialización en uno de ellos que aleja a todos los demás, familias que no saben qué hacer con su hijo o hija en algún sentido educativo (o tal vez en todos), madres y padres con falta de tiempo/ interés/conocimiento sobre sus hijos e hijas que muestran sorpresa máxima ante ciertos comportamientos que se dan en clase . . .

Y no es más que el reflejo de una sociedad en la que se valora la ignorancia como algo «guay», se fabrican personajes de «usar y tirar» constantemente, así como «nuevos ricos y ricas» sustentados por pies de arena (influencers, comentaristas, famosillos . . .) que, en su mayoría, no aportan a la sociedad profundidad, esperanza y felicidad, sino más bien superficialidad (en el trato, en las formas), cinismo (en cuanto a valores plenamente humanos como la cooperación o el compartir) y momentos de alegría intensos pero fugaces (como los que facilita la pornografía, el último modelo de teléfono inteligente o una canción de moda).

Ya se sabe que todas estas cosas han estado siempre en cierta medida en nuestras sociedades occidentales (al menos que yo sepa), pero la vacuna de la educación siempre ha ido creando, más que menos, ciudadanos y ciudadanas con ciertos valores y con capacidad crítica para ir afrontando, con más éxito que fracaso, las dificultades de la vida. No olvidemos que la educación es el mejor instrumento para construir una sociedad democrática y una cultura de convivencia positiva.

Pero ahora, entre la facilidad que te brinda una IA para escribir un libro (hay algunas personas que llegan a escribir tres en un día) y el servilismo al que muchas familias someten a sus congéneres para contrarrestar lo que ellos y ellas no tuvieron y con la buena intención de que «no les falte de ná» estamos, sin querer, comenzando a sobrepasar peligrosamente el número de alumnado que está empezando a menospreciar la educación formal y, lo que es peor: son infelices cuando van a la escuela.

Hace unos días un alumno de mi centro, al que llamaré Alí, me hablaba sobre lo inútil que es dedicar los años posteriores al graduado en ESO para formarse cuando ya se puede empezar a hacer un negocio más o menos fructífero utilizando herramientas *online*, y no solo eso, me daba ejemplos de chavales de 19 años[1] que ganaban en un mes mucho más de lo que yo gano en un año de trabajo. Y, claro, con, digamos, las «luces cortas» pensar en ganar muchísimo en una tarea que ellos hacen con facilidad es un gran éxito. Pero si observamos con las «luces largas» podemos augurar sin temor a equivocarnos que nuestra sociedad no puede sostener a tantos chavales exitosos como jóvenes desean serlo. Por decir una de las muchas pegas.

Por otro lado, recuerdo tener tres años de edad y mirar por la ventana de la habitación de mis padres subido a su butaca y sujetado con cariño de la mano de mi madre para ver a mis hermanas mayores entrar a la escuela y preguntar a mi madre: «¿Cuándo puedo ir yo también al colegio?». ¡Tan felices las veía ir! Y luego he tenido la suerte de haber sido un alumno dichoso en mi colegio, en mi instituto y durante mis años en la facultad. Feliz. Todo lo feliz que era capaz.

---

[1] https://www.eluniverso.com/noticias/internacional/quien-es-anas-andaloussi-nota/

¿Cuál es la misión de la educación sino ayudar a los niños y niñas a ser felices? Y yo me pregunto si lo estaremos logrando con los estándares de aprendizaje que cada vez son más marcados y están más burocratizados, haciendo que los maestros y las maestras estén descontentos, el alumnado también y las familias..., bueno, las familias están ajenas (¿por suerte?) a tanto cambio de paradigma, y un poco perdidos (excepto a la hora de reclamar justicia o mayor nota) entre tantas palabras nuevas. No es de extrañar.

Parece que «la sociedad» (para no poner nombres y apellidos) quiere personas que no sepan mucho para poder controlarlas mejor. Pero esa sociedad, que somos las personas que las formamos, no están manejadas por unas cabezas pensantes que se aprovechan de la incultura de cada vez más personas, no; lo que sucede es que no somos conscientes de que tenemos la posibilidad de crear, entre todos y todas, una sociedad mejor, una educación formal que provoque en el alumnado las ganas de aprender, les proporcione un sentimiento profundo de felicidad y les haga creer (porque realmente es así) que son importantes y que no da igual que estén o no formando parte de la sociedad, el barrio, la escuela: sin ellos faltaría algo, faltaría alguien importante, porque todos y todas tenemos muchas posibilidades de aportar lo mejor de nosotros mismos, que es seguramente un valor por descubrir en estos días por muchos de ellas y ellos.

Creo que no es tarea fácil, pero, mientras llega o no este despertar de la sociedad, este abrir los ojos y el corazón de cada ser humano, pienso que puedo aportar algunas cosas que he aprendido a lo largo del tiempo y que no son ideas mías ni es una nueva forma revolucionaria de educar, pero que a mí me han proporcionado una forma de ser y de estar en el centro educativo que ha hecho que tenga muy pocas dificultades con el alumnado durante mi labor docente, y mucha, lo digo otra vez, pero que mucha felicidad, no solo para ellos, sino también para mí. Tal vez sea un atrevimiento, pero opino que compartir las ideas que me han funcionado puede inspirar a otras personas a ver las cosas de una forma nueva y a tomar medidas diferentes para que no ocurra con ese niño o niña lo que le viene ocurriendo durante tanto tiempo: que *nos* molesta en clase.

Al fin y al cabo, las personas construimos la sociedad. ¿Qué podemos aportar? Solamente lo que seamos capaces de hacer y dar.

Y como dice el viejo proverbio hindú: «Lo que no se da, se pierde».

Y por eso hay que indagar...

Según el último informe de la juventud en España[2] realizado por la fundación BBVA, la tasa de abandono escolar (a pesar de que la educación en España está planteada para conseguir la titulación básica de la ESO de forma más o menos sencilla) está en casi al 14 % , a casi cinco puntos de distancia (por arriba) de la media europea. Esto, como indica el informe, es una de las principales alarmas que nos indican lo deficiente del sistema educativo actual y, como podemos suponer, incide en lo laboral, ya que estas personas con un nivel inadecuado de formación tardarán más en conseguir un empleo digno o incluso quedarán finalmente excluidos de la sociedad.

Después del COVID-19 se ha observado, además de las deficiencias en la digitalización, el aumento de la individualidad frente a lo colectivo en la escuela, lo que perjudica la cooperación y la empatía. No olvidemos que la escuela debe ser un referente en la socialización de las personas y es posible que cada uno ahora más que nunca vaya «a lo suyo» y busque el disfrute individual por encima del compromiso, el sacrificio por el bien común y el deseo de cambiar una sociedad a la que me conecto, cada vez más, a través de pantallas digitales.

Tal vez tengamos una de las generaciones mejor formadas de la historia con un paro juvenil también de los más grandes de la historia, lo cual hace que, por un lado, no se evalúe por parte

---

2 https://www.fbbva.es/wp-content/uploads/2024/01/DE_2023_presente-y-futuro-de-la-juventud-en-espana.pdf

de nuestro alumnado de forma correcta lo importante de la formación y, por otro, que los resortes que permiten dirigir adecuadamente a nuestro alumnado hacia su futuro laboral (como los informes escolares) no están siendo los correctos, puesto que lo que pocos consiguen con mucho esfuerzo luego no les reporta el beneficio esperado. Pero hay otro peligro mayor: que muchas de las profesiones necesarias para el día a día dejen de estar cubiertas, ya que las promesas de la globalización que nos ofrece trabajos maravillosos de sueldos escandalosos ciegan a nuestros jóvenes que no evalúan con acierto el difícil equilibrio que existe entre lo que quiero, lo que se me da genial y lo que me gusta, apostando solo por lo que me gusta y lo que quiero y abandonando la realidad de lo que se les da bien, conformando así personas desilusionadas con baja autoestima y que terminan dedicándose a algo que está diametralmente opuesto a su sueño.

Los suicidios entre los jóvenes se han disparado llegando a ser la primera causa de muerte no natural en la actualidad (alrededor del 17 %, o sea, casi uno de cada cinco jóvenes), lo cual nos hace encender una lucecita de peligro. Y es que los hábitos poco saludables como el alcohol, el tabaco o las drogas ilegales encuentran en la juventud un caldo de cultivo que tapa, como dirían en Proyecto Hombre, necesidades vitales insatisfechas o falta de apoyo emocional y social o una descompensación notoria entre lo que se elige/decide y las consecuencias de sus acciones.

Refugiarse en estas cosas o no encontrar ninguna salida a su vida actual es muy preocupante y la educación es lo que brinda más oportunidades a las personas de evolucionar hacia una vida feliz. ¿Qué está fallando?

Seguro que hay que profundizar en estos temas acuciantes para dar una respuesta global y unificada también desde la escuela. No podemos quedarnos como meros espectadores de un panorama nada halagüeño, sino ponernos en marcha de manera proactiva en nuestras escuelas, en nuestros institutos y en nuestras universidades nosotros y nosotras, que somos, al fin y al cabo, quienes tenemos esta humilde tarea de dejar una herencia más humana y con mejores perspectivas que las que parece que asoman en nuestro país y en nuestro mundo, y quienes día a día nos enfrentamos a esta realidad en nuestras aulas. ¿Nos involucramos?

1

«Conócete a ti mismo» (o a ti misma, claro)

«Seguimos remando».
Fco. Javier Fano (Patxi)

QUÉ HACER

«Conócete a ti mismo»: Esta era la famosa frase que estaba inscrita en la entrada del templo de Apolo y que exhortaba a todo visitante a la autointrospección antes de consultar al oráculo de Delfos qué hacer en un determinado tema o momento de su vida. ¿Y por qué? Porque esa era la manera en que se creía que se podía entender el mundo: comprendiéndose primero a uno mismo.

Por eso, antes de teorizar sobre distintas formas de hacer las cosas en la escuela, antes de aprender (o tal vez recordar) herramientas alternativas para situarse frente al alumnado (también el «disruptivo» o «pasota»), sería interesante pensar en uno o una misma para poder profundizar en quién soy, qué cosas sé, qué necesito, qué herramientas tengo a mi alcance y qué quiero conseguir.

Bueno, tal vez son preguntas algo trascendentales, pero no las podemos obviar, porque si no, no podremos personalizar y concretar lo que se ofrece en este libro.

Para empezar, te sugiero una serie de cuestiones sencillas, así que coge papel y lápiz y empieza a responder con sinceridad (recuerda que nadie va a leer lo que pongas más que tú y quien tú quieras):

a. Escribe tres cosas que te caracterizan como persona.

Te recuerdo que «caracterizar» significa aquí que forman parte de tu ADN, de la personalidad, cosas que te hacen ser como tú eres, que están en lo nuclear de tu ser. Y no te caracterizan como amigo, maestro o maestra, corredor, guitarrista o lo que sea que configura tu ser, sino como PERSONA, que es lo fundamental en ti y que condensan todas esas cosas maravillosas que eres (deportista, cantante, esposo o esposa, maestro o maestra, amigo para siempre, padre o madre, hijo o hija y un largo etcétera). No leas más y escribe. Ánimo.

b. ¿Qué clase de maestro o maestra quieres ser?

Para ello, tómate un poco más de tiempo y extiende tu respuesta todo lo que quieras. Aunque lleves quinientos años dando clase (soy andaluz, sí), si estás leyendo esto es que aún te queda tiempo para mejorar (por cierto, siempre *es* tiempo para mejorar), y claro hay que tener en cuenta algunas cositas que te pueden ayudar en este punto, como, por ejemplo:

– ¿Cómo crees que te ve actualmente tu alumnado?

Si no tienes una idea clara, puede ser que tu vida y la de ellos no esté muy relacionada (bueno, en mi opinión creo que puede ser un buen termómetro tener una idea de lo que tus alumnos piensan de ti) o tal vez no te interesa saberlo. Lo que está claro es que para contestar a qué clase de maestro quiero ser, he de tener en cuenta lo que puede llegar o no al alumnado de lo que quiero ser, ya que si no hay una correspondencia clara entre lo que quiero y lo que muestro, hay algo que corregir: o lo que quiero ser o cómo lo muestro, y no me refiero a lo que uno dice, sino a su estilo docente (¡uf! Aquí hay tela que cortar, tela).

- ¿Qué piensan de ti tus compañeros y compañeras?

Es verdad que no nos tiene que importar lo que los demás piensen de nosotros y que hemos de actuar con honestidad y autenticidad haya o no gente delante, pero también es cierto que a veces nuestros compañeros y compañeras nos pueden dar el norte tanto de si lo estamos haciendo bien, como de si nos falta alguna cosita por mejorar (así de bien hay que tomarse la crítica). Siempre hay algún compañero o compañera que puede hablarte con sinceridad en pos de mejorar. Búscale y le preguntas.

- Escribe tres cosas a las que quisieras llegar siendo maestra o maestro.

Sé valiente y piensa en grande: con metas altas podremos llegar más lejos de lo que pensábamos y tal vez darnos una sorpresa a nosotros/as mismos/as. Como dice la canción: «No dejes de soñar».

Un maestro o una maestra, a mi corto entender, ha de ser una persona que despierte las ganas de aprender, que entre en clase y produzca en el alumnado eso de «¡Qué bien que haya venido a esta clase!», y que al salir provoque una sensación tal que algunos le digan «¿Yaaaaaa? ¡Se me pasa la clase "volá" contigo, maestra!». Porque eso significará que la hora de clase es un momento agradable, independientemente del contenido que se enseñe, y seguramente la sinergia que se genere en esa fantástica hora hará que todo fluya sin grandes dificultades y que el tiempo pase en un suspiro. Aspiremos a esto, compañeros y compañeras, a propiciar momentos de luz para ellos y ellas y, como no puede ser de otro modo, también para nosotros/as.

Piensa si en general te llevas bien con tus compañeros o compañeras (no te engañes, por favor), con tu alumnado y con sus familias, si sueles tener dificultades en todas las clases o solo en algunas, si muchos alumnos y alumnas son para ti un reto (y piensa de qué tipo: si comportamental, educativo, personal . . .), si conoces el nombre de alguna limpiadora, de algún conserje, si piensas que tienes ciertas habilidades para sofocar los conflictos o tal vez los vas generando, si tienes iniciativa personal para involucrarte más allá de las clases o si todo esto te supera. Sé una persona sincera y no temas descubrir claroscuros: todos los tenemos.

Lo importante en este tipo de situaciones es saber qué es lo que hay o como dice mi suegro «los materiales con los que contamos para la obra», porque sí, esto es una obra, pero de las de arte, pues estar en clase día a día para ser un referente (no lo olvidemos) y transmitir muchas buenas «vibras» al alumnado para que le entren ganas de aprender, no es tarea fácil; más bien es un talento y en esta tarea quiero que sepas que no estás solo o sola: somos muchas personas que estamos remando en este barco que es la educación, deseando llevarlo a buen puerto, y lo que tienes en tus manos no es sino un compendio de ideas, herramientas, alternativas, formas de hacer y de estar en clase que te pueden ayudar a encender esa chispa (que son las ganas de aprender) a esas criaturas humanas que atendemos cada mañana con cariño y perseverancia.

Bueno, que me enrollo mucho. Cuando tengas escrito más o menos qué te caracteriza como persona y qué clase de «profe» o «seño» quieres ser, te recomiendo que leas despacito lo que has puesto y que a partir de ahí empieces a trabajar *una nueva persona consciente* (que eres tú) y no te conformes con aprender dos o tres cositas que te saquen las castañas del fuego este trimestre o este curso y ya está. A veces nos conformamos con el alivio de una pastilla a ese dolor de cabeza y no vamos a solucionar el problema de raíz tal vez descansando más o comiendo mejor. Es hora de dejar de hacerse daño a uno mismo (porque a veces los conflictos que hay en clase los permitimos al no saber qué hacer o los generamos pensando que sabemos lo que hacemos) y empezar a *ayudarnos* para salir adelante construyendo una persona más plena y un maestro o maestra más maestro o maestra de lo que actualmente somos.

Lo primero que estamos haciendo con este ejercicio es pararnos un momento a reflexionar pero te voy a hacer una invitación más profunda: **obsérvate a ti mismo**; obsérvate desde que te levantas y empiezas a pensar en lo que te vas a encontrar, hasta lo que dices y haces en clase, lo que dices a los demás de tus clases, lo que haces para mejorar o empeorar tus clases, observa cada gesto, cada sonrisa, cada fruncir el ceño, observa los aspavientos que damos, cómo nos dirigimos a nuestros compañeros, a los niños y niñas . . . , y sí, nadie es perfecto, pero observarse es un paso fundamental para lo que queremos, que no es más que ser felices en nuestra tarea/trabajo/ vocación y que aquellos con los que nos topamos (sobre todo nuestro alumnado) también lo sean.

Un buen amigo de toda la vida, Andrés, nos insiste mucho a los que quiere en «despertar», es decir, tener esa *consciencia consciente de nuestro ser en el mundo* o, como le suelo decir a mi alumnado, de «estar presentes en el presente», que es lo único que tenemos en realidad. Esta búsqueda del momento presente engloba el famoso *carpe diem*, pues cada momento se convierte en un disfrute, sea mejor o peor.

Hace un par de semanas de escribir estas letrillas fui de pronto consciente de que hasta entonces he tenido un interés apremiante por llevar la razón cada vez que hablaba. Este momento de lucidez me vino un día que estaba corriendo por el paseo marítimo mientras oía música. En esos momentos de calma repaso a veces las cosas que me han ido sucediendo en el día y otras veces aprovecho para planificar algo futuro (como ves, este ejercicio de estar siempre *presentes en el presente* es complicado al 100 %). Entonces me vinieron a la mente unas cuantas ocasiones en las que el punto común era que *yo llevaba la razón* y se me iluminó todo «¡Anda! —pensé—. Lo que me pasa es que muchas veces quiero tener la razón». Ha sido un descubrimiento maravilloso porque, aunque de primeras me llevé un chasco (ya sabes, al descubrir algo personal que consideramos negativo se nos nubla la mente de culpabilidad, pero ¡fuera culpa, ¡bienvenida la claridad!), ahora, cuando hablo con la gente, procuro escuchar más lo que me dicen y transmitir una opinión o una nueva forma de ver las cosas, en vez de buscar «sentar cátedra». Es algo doloroso, pero que sana, como cuando te curan una herida.

Y aunque es cierto que todo lo que hemos estado haciendo a lo largo de nuestra carrera como maestros o profesores nos da seguridad porque es conocido y sé que os invito en cierto modo a buscar entre cosas desconocidas o que intento que os acerquéis a algunas alternativas a lo que soléis hacer, y no es fácil, os pido una actitud de apertura. Cuando terminéis de leerlo todo tal vez podáis decir que algo os puede (a lo mejor) servir. Habrá merecido la pena.

Lo que es seguro es que si observáis lo que sois, hacéis y decís sin juzgaros (siempre sin juicio, sino con apertura y siendo honestos/as), os aseguro que estaréis preparados para ver con ojos nuevos lo que sucede a vuestro alrededor y al ser más consciente de lo que sucede en torno vuestro (de lo que se genera, lo que no, lo que influye lo que haces y dices), algunas de las cosas que te propondré más adelante te saldrán solas y más de un conflicto se solucionará, porque somos y tenemos más de lo que creemos y nuestra consciencia nos abre la puerta a caminos internos que nos llevan de la mano del sentido común a la solución de muchas de nuestras inquietudes o dificultades. No tengas reparo en observarte. Relee lo que has escrito. Medita un poco sobre ello. ¿Listo? ¿Lista? ¡A por ello!

CÓMO HACERLO

Aquí te dejo algunas ideas para concretar este capítulo.

a. Escribe tres cosas que te caracterizan como persona:

b. ¿Qué clase de maestro quieres ser? ¡Expláyate! No te conformes.

1. Cómo te ve tu alumnado.
   - Normalmente detectar qué piensan los líderes del grupo nos puede dar una idea de lo que el grupo-clase piensa de ti, aunque también están los alumnos y alumnas más lentos, es decir, los que necesitan más tiempo para procesar la información, que nos pueden dar otro punto de vista. Pregúntales en una charla informal.
   - Otra forma es hacer una encuesta anónima. El anonimato permite a tu alumnado decir sin tapujos lo que piensa que es, en verdad, lo que te interesa saber.
   - Recuerda que son opiniones y no sientan cátedra, pero te pueden dar una idea de lo que estás o no transmitiendo en clase. Si en varios grupos coincide algún aspecto que te sorprende, por ahí van los tiros.

2. Qué piensan de ti tus compañeros/as.
   - Para que este espacio sea útil, tira de alguien honesto y con quien tengas amistad. Recuerda que es para mejorar y no te lo tomes como algo personal.

3. Tres cosas a las que quisieras llegar siendo maestro/a.

Pautas para autoobservarse:
- ¿Cómo te sientes ahora mismo? Esto es para ir calentando motores. Si no eres capaz de poner nombre a la o las emociones, sigue leyendo, que más adelante hay un listado de emociones.
- Reflexiona sobre lo que ha sucedido en el día como si vieras una película. Intenta «ver» cómo te sentiste, qué hiciste, qué pensaste, qué decidiste . . . , para después profundizar en esos sentimientos, actitudes y decisiones. Recuerda que no se trata más que de tomar conciencia de lo que sucede. La tarea estará terminada cuando este proceso lo hagas conforme lo vives.
- Anímate a dedicar tiempo a estar contigo mismo o contigo misma. Puedes meditar, estar sentado oteando el horizonte, pasear tranquilamente por el campo o cerca del mar o simplemente estar sentado tranquilamente sin hacer nada concreto.

En estos ratos para ti, que son tan sanos, intenta no pensar nada concreto y sacar de tu cabeza las preocupaciones ordinarias. Ten en cuenta que esto es casi imposible, y lo normal es que se te pase algo por la mente. Tranquilidad. Solo obsérvalo y déjalo ir.

2

Conoce a tu alumnado

«Conozca todas las teorías.
Domine todas las técnicas,
pero al tocar un alma humana
sea apenas otra alma humana».
Carl G. Jung

QUÉ HACER

Un curso escolar supone pasar muchas horas con el alumnado: aproximadamente son 185 días de periodo lectivo distribuido en unas 36 semanas. Si pensamos en los días que no son fin de semana o festivos para el alumnado, supone casi el 68 % del año, tiempo durante el cual los estudiantes están en un centro educativo. Vamos a pasar algunas horas con ellos, más o menos dependiendo del área de conocimiento: los que más unas 148 horas (el 80 % de los días) y los que menos alrededor de 37 (1 de cada 5 días).

Así que, lo mires por donde lo mires, es importante conocer a las personas con las que vamos a compartir nuestro tiempo: si piensas que es el «enemigo», la mejor forma de enfrentarte a él es conocerlo a fondo, pero si para ti el alumnado no es sino personas a las que intentar transmitir lo bello del conocimiento y el saber (que no ocupa lugar, pero que redistribuye nuestra forma de pensar), conocer sus gustos, aficiones, situación familiar y mundo interior será algo muy valioso que nos permitirá acercar lo que tanto nos apasiona al cercano futuro de la humanidad, que son ellas y ellos.

Para saber cosas de tus alumnos y alumnas puede uno, por ejemplo, ir al fichero electrónico y enterarse de forma séptica del impacto de las diferentes áreas de conocimiento en su vida (es decir, qué aprobó, qué suspendió, cuantas veces, etc.), o también puede uno preguntar al tutor o tutora de la criatura, que siempre tiene un puntito más de conocimiento que el resto del profesorado (¿por qué será eso?). También puede uno entrevistarse con las familias para otear las raíces de sus pensamientos y comportamientos en clase o hablar con sus antiguos maestros, pero lo mejor y lo que más nos va a aportar es hablar y compartir momentos con ellos. Y para hablar con ellos no hace falta concertar una cita formal ni esperar que suceda algo en clase que te dé la excusa para ello, aunque también; basta tener algunos intercambios de palabras en los que comentes algo sobre lo que observas: que si pinta muy bien, que si ha cambiado de estuche, que si se peló de forma moderna, que si tal o cual camiseta nueva, que si está muy pensativo, serio o contento y, tal vez en alguna ocasión, acercarte a tener unas pequeñas palabritas o sacarlo un momento de clase a hacer una pequeña reflexión juntos. No es que vayamos a perder clase, ¿verdad? Aunque de todo esto lo más importante no es lo que tú le dices, sino lo que te puede decir tu alumnado. Y es que realizar una *escucha activa* con ellos y ellas a partir de unas preguntas de curiosidad[3] es una manera poderosa de mejorar su autoestima, propiciar que se sientan integrados en clase, mejorar la *autoridad moral* del maestro o maestra frente al alumno o alumna (que, al fin y al cabo, es la eficaz) y una forma de conectar con ellos y ellas contigo que mejorará tu estilo docente y su forma de afrontar la clase, sea de la materia que sea. En mi caso, las matemáticas. Y tengo que decir que aún sigo compartiendo momentos con algunas personas, antiguo alumnado mío, que ahora están estudiando diferentes grados (algunos en la facultad, otros terminando grados superiores de FP) o también

---

[3]   Las preguntas de curiosidad son parte de la disciplina positiva, tratada más adelante en este libro.

dedicados ya al mundo profesional, y me dicen de alguna forma lo a gusto que estaban en mis clases cuando fueron mis alumnos/as, *a pesar* de ser de matemáticas. Y no creo que fuera mérito de mis maravillosas explicaciones sobre las fracciones o sobre los fundamentos de la geometría analítica, sino más bien porque se sentían escuchados, conocidos y queridos. Y verdaderamente es así: el alumnado con quienes compartimos parte de nuestras vidas son *personas humanas* (¡quién lo diría!) con las que nos hemos de relacionar de forma agradable y **cariñosa**, como si fueran nuestros propios hijos e hijas, pero también de forma **firme** cuando sea necesario, que para eso nos pagan.

Propiciar momentos de encuentro es otra forma de observarles en su esencia: saludándolos por las mañanas[4], llevándolos de excursión a cualquier sitio, inventando una celebración por el día de π o por tu cumpleaños, comentando alguna noticia de interés que esté en boca de todos (puede ser internacional como un conflicto bélico o del mismo instituto porque algo está pasando y es necesario comentar), parándote con ellos a charlar de cualquier nimiedad en los recreos...

A los niños y niñas que tenemos en clase, hay que verlos con ojos de adultos y profesionales y no tomarse como algo personal lo que nos pueden decir en un momento de enfado o nervios, porque esta actitud sensata de «escuchar» sus necesidades más allá de lo que nos dicen con sus palabras nos va a dispensar de muchos disgustos personales (¡fuera cortisol!) y nos va a permitir volver a clase al otro día como si no nos hubieran dicho nada de nada. Hay pocos alumnos y alumnas que sean conscientes del daño que pueden producir al decir o hacer una cosa concreta contra el profesorado, y ese pequeñísimo porcentaje no va a ser justamente el alumnado que te causa malestar en tus clases; sería muuuuuucha casualidad y, créeme, las casualidades no existen. Te lo dice un matemático.

El otro día comentaba un compañero con nosotros un caso muy interesante que le ocurrió. Mi compañero (llamémoslo Juan) forma

---

4   Saludar por las mañanas es un hábito muy saludable (valga la redundancia) que se aprende por imitación.

parte de lo que llamamos en mi centro de secundaria «Aula de Reflexión», que no es un lugar, sino un espacio-tiempo en el que se atiende al alumnado (al que no das clase, normalmente), hablando con él o ella de algún tema en particular que preocupa al algún miembro de la comunidad educativa, como, por ejemplo, cambios repentinos de humor, tristeza palpable, nerviosismo, etc. Pues bien, Juan tenía que atender a un chico de secundaria (llamémoslo Luis) que no hablaba en clase prácticamente nada y tampoco se tenía noticia de que hablara con alguien fuera de ella. Juan, el arquetipo de hombre de ciencia que habla al alumnado de «usted» y es profundamente respetuoso con todas y todos, tenía la tarea en esta Aula de Reflexión de dar con alguna tecla para que Luis se pusiera a hablar. Ya sé, parece tema médico, pero algunas veces hay un atasco emocional o de algún tipo que nos impide hacer alguna cosa. El profesor Juan no es famoso por su afecto con el alumnado precisamente, aunque, como digo, es profundamente respetuoso. El caso es que, después de hablar con la familia, Juan concertó con Luis una cita. En esa primera cita, el muchacho no hablaba nada (aunque ya era un logro para Juan que quisiera ir) y a Juan se le ocurrió una idea. De pequeño le gustaba jugar a las chapas, así que buscó algunas y en la siguiente sesión se ofreció a jugar con él. Tengo que confesar que no puedo imaginarme a mi compañero tirado en el suelo con este alumno jugando a darle golpecitos a una chapa por un «camino» previamente dibujado en el suelo hasta llegar a una meta. Pero el caso es que eso es lo que hicieron algunas veces hasta que por fin Luis empezó a hablar con Juan. Y Juan, como si nada, le contestaba amablemente como si Luis hablara con naturalidad desde siempre. El caso es que, tras varias sesiones, Luis empezó a contarle a Juan cosas, primero sencillas y luego más personales, hasta el punto de que Juan nos reconocía el otro día que hablar con este chaval no solo le hacía bien a Luis, sino también a él. Y es que una comunicación profunda es terapéutica en ambos sentidos.

Y si es bueno y agradable conocerse y conocer a tu alumnado, es de cajón que ellos te vayan conociendo poco a poco también a ti.

No estoy hablando de que seamos sus grandes amigos ni que conozcan nuestros secretos más profundos (tampoco hay que conocer los secretos más profundos de tu alumnado para dar clase), puesto que nosotros somos adultos y ellos son solo niños o adolescentes, pero sí es normal que como fruto de la relación con ellos, de propiciar momentos de conversación y de estar con ellos en clase, van a conocer algunas cosas tuyas como si te gusta el fútbol o el baloncesto, si tienes hijos o si tocas algún instrumento. Pero sin que le digas nada de nada, también podrán enterarse de si lo que prometes lo cumples o no, si cuando algo dices que es importante para ti realmente lo es, si los valoras o no o si disfrutas dando clase de lo que sea o, por el contrario, dar clase para ti es un suplicio.

Como ves, es un *quid pro quo* que surge al hacerte cargo de la educación de tu alumnado que incluye, como estamos viendo, llegar a conocerlos mejor. No olvidemos que somos personas. Personas humanas. Y esto va en el kit.

En tus manos está qué hacer con esa información: si utilizarla para generar una hora de clase en la que tengas al alumnado interesado y motivado o simplemente rellenar papeles que justifiquen que no se puede hacer más por ellos. No te ofendas, no es nada personal. Solo que si Google sabe sacar beneficio de la información que tiene de las personas, ¿qué podemos hacer los maestros y maestras con esa información? Pues lo dicho: motivar y hacer de nuestro alumnado personas competentes y felices en la escuela. Al menos en nuestro tiempo con ellas.

CÓMO HACERLO

Os traigo varias estrategias diferentes. Por ejemplo, algo básico como intentar **rellenar algunas cuestiones** de tu alumnado sin hacer una encuesta, sino simplemente estando atento o atenta a lo que dicen y sucede en clase.

Nombre del alumno o alumna	Mote	Número de hermanos/as	Deporte favorito	Marca de móvil	Comida favorita	¿Tiene pareja?	Su mejor amigo/a está en clase	Le cuesta relacionarse	¿Toca un instrumento?	Su/s abuelos/as viven en casa	...
Pedro A											
Marta B											
Francisco C											
Daniela D											
...											

Otra cosa que podrías hacer es pedirles que realicen **una pequeña presentación de 5 minutos** sobre un proyecto o tema que les apasione. Podrían hacer un póster, un *power point*, un vídeo o cualquier otra cosa que les guste o se les dé bien. No hace falta que tenga que ver con tu asignatura. Ellas y ellos siempre te sorprenderán.

También podrías entregarles un pequeño **cuestionario** sencillo al inicio de las clases para saber algunos datos más o menos habituales como los nombres y profesiones de sus progenitores, las personas con las que viven en casa, si tienen o no un lugar fijo para estudiar, etc., y sus aficiones, intereses, sus actividades favoritas y sus retos personales.

Puedes también invitarles a que cuenten cuál sería su espacio ideal después de **invitarles a que cierren los ojos** e imaginen que se encuentran en ese sitio donde se sienten seguros y seguras y donde disfrutan de sus cosas favoritas: sus juegos, sus libros, las personas a quienes quieren . . . En uno de estos viajes te pueden revelar mucho sobre su forma de pensar, divertirse y relajarse.

Juegos en los que **asocien palabras** con lo primero que se les venga a la mente te pueden ayudar a saber cómo reaccionan ante ciertas situaciones o qué sienten ante determinadas cosas.

Te pongo un ejemplo con algunas de ellas:

• **Situación 1:** Te encuentras en una biblioteca llena de libros antiguos. Ves uno que te llama la atención muchísimo. ¿Sobre qué trata?

- **Situación 2:** Estás en una playa soleada y escuchas el sonido de las olas. ¿Qué palabra te viene a la mente?
- **Situación 3:** Estás en un parque durante un día de otoño, viendo las hojas caer. ¿Qué recuerdo te inspira?
- **Situación 4:** Imagina que estás en tu fiesta de cumpleaños con música y risas. ¿Qué desearías que te regalaran en este momento?
- **Situación 5:** Te encuentras en una montaña, disfrutando de una vista impresionante con un amigo o amiga tuyo. ¿Con qué persona estás?
- **Situación 6:** Estás en una cocina, el aroma de algo delicioso está en el aire. ¿Qué es lo que se está cocinando?
- **Situación 7:** Te ves rodeado de animales en un zoológico y sientes miedo. ¿Qué animales son?
- **Situación 8:** Estás en un concierto, sintiendo la energía de la música. ¿Qué artista o grupo estás escuchando?
- **Situación 9:** Imagina que estás en un viaje en tren, mirando por la ventana. ¿Hacia dónde vas?
- **Situación 10:** Te encuentras en un taller de arte, rodeado de colores y pinceles. Entonces el artista se dirige a ti para preguntarte: «¿Qué te gustaría que pintara para ti?».

Algo que puede ser interesante son las **pequeñas entrevistas** en horas de tutoría, en caso de que seas tutor o tutora, donde puedes conocer más personalmente a tu alumnado y tratar alguna preocupación que puedan tener. Además, las puedes retomar de forma periódica (por ejemplo, cada dos meses) y, de esta forma, fortalecer la relación profesorado-alumnado.

También se pueden hacer **dinámicas** de presentación o juegos cooperativos para que entre ellos y ellas creen vínculos y hagan de la clase un grupo-clase cohesionado. Como el juego «Dos verdades y una mentira», donde cada estudiante dice tres cosas sobre sí mismo y el resto del grupo tiene que adivinar cuál es la mentira.

Se podrían organizar, además, **debates y discusiones** en clase sobre temas actuales o de interés para los y las estudiantes. Puede ser muy motivador dar en la tecla de algo que les preocupe y el ambiente que se crea es muy chulo.

Otra posibilidad es utilizar pequeños **juegos de rol** donde los chicos y las chicas asuman personajes específicos en situaciones simuladas (por ejemplo, un juicio mediático, una negociación de paz, o un debate de Naciones Unidas sobre la educación). Estas actividades permiten que se expresen de maneras diferentes y te ayudan a observar cómo se desenvuelven en situaciones diversas, revelando aspectos de su personalidad y forma de pensar que quizás no se ven en un entorno más tradicional.

Y luego está el clásico «si yo fuera . . . », donde la imaginación juega un papel muy importante y donde las explicaciones detrás de sus propias elecciones nos dan las pistas de sus deseos más profundos.

Como ves, hay pequeñas cosas que se podrían hacer y seguramente tú mismo o tú misma conocerás otras tan o más válidas que estas. Recuerda lo importante que es saber con quién estás y a quién va dirigido lo que vas a hacer, porque el conocimiento es poder, en este caso, poder llegar a compartir lo que sabemos.

Pero lo más eficaz, desde mi punto de vista, son las preguntas de curiosidad. Como su nombre indica, son pequeñas cuestiones donde la empatía es fundamental y puede ayudar a nuestro alumnado a autorregularse de manera, digamos, no invasiva, sino ayudándoles a explorar sus comportamientos. Este enfoque, basado en los principios de la «Disciplina Positiva» de Jane Nelsen y Adler, que se verá en el capítulo 11, promueve el desarrollo de algunas habilidades como la responsabilidad, la resolución de problemas y la autonomía. Es una forma de fomentar las habilidades sociales y emocionales, ayudando al alumnado a conectar sus acciones con sus consecuencias (al estilo aristotélico) y haciendo que se sientan valorados y escuchados.

Lo que debes saber antes de nada es que **es mejor**, desde el punto de vista de la Disciplina Positiva, **preguntar que ordenar** porque esto nos conecta más con nuestro alumnado y le ayuda a ser más competente.

Hay varias claves a la hora de preguntar con curiosidad:

a. Muestra interés real, sin parecer un ingenuo y sin juzgar.
b. Evita preguntas «acusatorias», como «¿por qué lo hiciste?», sino más bien cuestiones abiertas como «¿qué pasó entonces?», que favorecen la comunicación.
c. Escucha activamente con gestos, palabras y con tiempo.
d. Guía al alumno o alumna para que busque alternativas ante situaciones que puedan ser problemáticas (aunque no sea consciente).
e. Adapta las preguntas a su edad. Suena muy bien, ¿verdad? Pero ¿cómo se pueden llevar a cabo?

En primaria los niños y niñas tienen unas habilidades para reflexionar más básicas y por tanto las preguntas han de ser simples y directas. Por ejemplo, si una niña está interrumpiendo constantemente en clase se le puede decir: «¿En qué estás pensando cuando te pones a hablar?», y también: «¿Cómo crees que esto afecta a tus compañeros y compañeras?», «¿qué podrías hacer la próxima vez que tengas algo importante que decir?».

Para preguntar a los adolescentes hemos de tener en cuenta que, aunque pueden reflexionar más que los que están en primaria, también pueden estar más a la defensiva, por lo que es muy importante no recriminarles mientras hablamos con ellos y ellas. Si algún chaval no te ha entregado, por ejemplo, un trabajo importante, lo primero es preguntarles sin acritud: «¿Qué pasó para que no pudieras entregar el trabajo?» y «¿qué necesitarías para cumplir tus tareas a tiempo?». Preguntarle cómo se podría organizar mejor la próxima vez le puede ayudar a planificarse mejor.

Como ves, tiene su «punto», pero no es muy complicado. Lo importante es practicar y no hacerlo delante de toda la clase, sino en un momento en el recreo o en una pequeña entrevista informal en un determinado momento, sobre todo con los adolescentes que tanto les importa la imagen delante de los demás.

3

Conecta con las familias

«Ninguna persona ignora todo.
Nadie lo sabe todo.
Todos sabemos algo. Todos ignoramos algo.
Por eso aprendemos siempre».
Paulo Freire

QUÉ HACER

¡Ah, las familias! Un reto educativo al que no acabamos de integrar del todo en los centros educativos.

Hay algunos hándicaps como las dificultades que tienen las familias de una conciliación familiar que sea real o las que hay en la comunicación entre el profesorado y las familias, tal vez por la falta de formación del profesorado en las relaciones interpersonales. Y, sin embargo, la participación de las familias en la acción educativa de los centros escolares es un indicador de calidad de esos centros y un factor muy importante en el éxito escolar del alumnado. Habría que reflexionar profundamente en este sentido.

En las familias hay varios espacios de participación:

a. El Consejo Escolar, órgano de gobierno en el que se pueden poner al día de los avances y singularidades del centro. Pero ¿llega esta información a todas las familias? Parece que no. Si preguntas a cualquier familia de tu centro o de tu escuela sobre las decisiones del Consejo Escolar, seguramente no sabrá ni quiénes son las personas que los y las representan. Este escollo se podría salvar mejorando la comunicación: enviando de forma sencilla a toda la comunidad educativa pequeños informes, facilitando así el flujo de información, estando las familias que representan a todas las demás accesibles y disponibles para cualquier otra del centro. A veces hay dudas sobre algunas decisiones en los Consejos Escolares y favorecer la información posibilitaría la transparencia entre todas las partes.

b. El AMPA, que funciona muy bien en general en las escuelas donde hay y que tiene poca implicación, normalmente, en los centros de secundaria. En ellos se puede facilitar mucho la contribución de las familias y, aunque estas tienen más acceso a este instrumento que en el Consejo Escolar, por mi experiencia personal puedo decir que en ocasiones no recogen el sentir de la comunidad educativa (se podría hacer mediante pequeñas encuestas, claro) y dependen del buen hacer del equipo que los dirige (al igual que los centros dependen del buen hacer del Equipo Directivo, por supuesto). Es muy importante que haya un AMPA en los centros porque, si se implica en mejorar la vida del alumnado del centro, puede ser una herramienta facilitadora en todos los sentidos y sería un termómetro interesante para comprobar el día a día de la escuela, buscando trabajar codo con codo con el profesorado, remando en la misma dirección.

c. Las comunidades de aprendizaje que son, sin duda, una manera valiente y eficaz de que cooperen las familias, el alumnado y el profesorado. Son poco sencillas de iniciar y requieren decisión por parte del equipo directivo y del profesorado con destino en ese centro, pero es de lo que conozco que más posibilita que las familias participen dentro y fuera del ámbito escolar, teniendo un papel definido en las escuelas. En España apenas hay tres centenares[5] de centros que funcionan bajo esta filosofía y realmente les va muy bien, lo que supone alrededor del 0,54 % del total de centros en funcionamiento en España[6]. El caso es que, siendo una actuación educativa de éxito, no tiene especial resonancia en la comunidad internacional ni a la hora de elaborar las leyes de educación (que se suceden cada vez con más velocidad y menos nivel de profundidad), a pesar de estar en consonancia con teorías científicas internacionales que avalan su funcionamiento. Hay que darles más publicidad y formarse en torno a ellas. Seguro que nos aportan mucho.

d. Todas las intervenciones que se hacen de forma individual como las tutorías, las visitas a maestros y maestras en la escuela, las reuniones formales que se hacen, por ejemplo, a principio de curso, etc. Estas formas de participación están muy limitadas a las personas que toman parte en ellas y, aunque seguro que muchas son fructíferas y, por supuesto, todas necesarias, las repercusiones se ciñen a un pequeño entorno de la comunidad educativa.

Ante este panorama, ¿qué se puede plantear para mejorar la implicación de las familias? Se me ocurren algunas cosas que podrían ser interesantes:

- Mejorar la acogida de las familias en los centros educativos ampliando la bienvenida al centro educativo a ámbitos cercanos para ellas (simplemente sirviéndoles un café en la reunión inicial), y partiendo de sus puntos de interés y necesidades (por ejemplo, en una barriada muy deprimida de Málaga, hay un programa que se realiza en coordinación con una asociación para que el alumnado desayune en el centro antes de empezar

---

[5] De los cuales más de un tercio se encuentran en Andalucía. Este recuento se puede ver en https://comunidadesdeaprendizaje.net/centros-en-funcionamiento/caracteristicas/

[6] Para consultar el total de centros educativos se puede visitar la página https://www.educacion.gob.es/centros/

las clases. De este modo han solventado problemas de absentismo escolar y han ayudado a las familias siendo sensibles a sus necesidades).

Las jornadas de puertas abiertas son un buen ejemplo de conectar la escuela con las familias creando por ejemplo exposiciones de trabajos de los niños y niñas o presentando alguna muestra itinerante sobre temas de interés para la barriada, la ciudad o la comunidad autónoma.

- Mejorar la formación de las familias en temas como la resolución de conflictos, los límites y los valores humanos, etc. Son muchas veces las que hemos escuchado de boca de las madres y los padres eso de «¡Ya no sé qué hacer con mi niño!», lo cual es una terrible situación que se puede mejorar con pequeñas píldoras de formación con esas familias a modo de «Aula de Familias» con personas especializadas del centro (que suele haber), y que tengan parte de su horario dedicado a esta tarea o con proyectos que algunas asociaciones, como Proyecto Hombre, brinda a las escuelas para llevar a cabo estas formaciones.

- Apoyar a las familias en la crianza de sus hijos e hijas para que puedan conseguir las condiciones óptimas de desarrollo pleno de sus hijos e hijas. En la misma línea que la anterior, se detecta que a veces los comportamientos disruptivos del alumnado tienen alguna de sus raíces en lo que sucede en casa: hay normas diluidas o sin ellas, a veces poca autonomía o demasiada poca supervisión, padres enfrentados entre sí, roles en las familias que o bien son muy punitivas o bien totalmente evasivas . . . Estos modelos educativos parentales menoscaban las posibilidades de éxito del alumnado, puesto que no se rigen por la firmeza y el cariño, es decir, un modelo asertivo con normas claras, afecto y fortalecimiento de la autonomía personal. Esas cosas se aprenden en gran medida. Pero necesitan de unos márgenes claros y una guía adecuada.

- Favorecer la participación de las familias de todas las maneras posibles en la escuela o el centro escolar en general, ya que mejora el rendimiento escolar del alumnado y, por ende, del centro educativo. Para ello el paso previo es concienciar a las familias de lo importante y necesaria que es su implicación (y tal vez habría que convencer a algún maestro o maestra de las bondades de estas medidas), brindándoles herramientas (como una escuela de familias) y estrategias adecuadas que mejoren su papel como padres y madres.

¿Y por qué tiene la escuela que ocuparse de todas estas cosas? ¿No tenemos ya bastante con los excesos de burocracia, las actividades transversales que ocupan el tiempo de las clases, las adecuaciones a los cada vez más prolíficos sistemas educativos, etc.?

Se nos olvida que todos somos educadores y todos somos educandos, y que colaborando unos con otros es como más lejos podemos llegar.[7]

El sistema en el que estamos inmerso se llama «educativo» y, aunque nuestro objetivo primordial sea formar y educar al alumnado, esta formación y esta educación bien puede extenderse a sus familias, para que el beneficio de la escuela sea máximo: todos vamos en el mismo barco y si remamos en la misma dirección, la navegación será menos turbulenta y el éxito escolar será el de las familias, el del alumnado y el de la propia escuela.

CÓMO HACERLO

Para las familias te invito a probar alguna de estas ideas:

---

[7] «Si quieres llegar más rápido, camina solo. Si quieres llegar lejos, camina acompañado» (proverbio africano).

Encuesta para conocer el sentir de las familias.

¡Hola familia!

Queremos recoger el sentir general de las familias que conforman este centro escolar y para ello os pedimos que respondáis esta pequeña encuesta con sinceridad:

- ¿Conoces a las personas que forman el Equipo Directivo del centro? ¿Puedes escribir sus nombres?
- ¿Sabes qué persona o personas forman el AMPA del centro? Si es así, escribe el nombre de dos o tres personas que conozcas.
- ¿Cuántos años (contando este) lleva/n tus hijos/as en este centro?
- ¿Qué has observado que se podría hacer para mejorar el centro?
  - Como familia.
  - Como profesorado.
- ¿Conoces el tutor o tutora de tu hijo/a de este año? ¿Cómo te llevas con él o ella?
- ¿Qué actividades o iniciativas conoces que se dan en el centro?
- ¿Has participado en alguna? ¿En cuál/es?
- Señala la o las formas en las que participas en el centro:
  - AMPA.
  - Tutorías.
  - Con el *email*.
  - Por medio de la web.
  - Asistiendo cuando me lo requieren.
  - Asistiendo si tengo algo que decir.
  - Asisto solo si me llaman.
  - Vengo a hablar de las notas.
  - No participo. ¿Por qué?
- Si tuvieras la oportunidad de que un especialista te guiara en la supervisión y forma de educar a tu hijo/a en casa con temas como redes sociales, normas, sexualidad, estudios etc., ¿vendrías al centro a formarte?
- Escribe aquello que quisieras comunicarme. ¡Gracias!

Guion para una reunión con las familias de tu curso.

Es importante que utilicemos un lenguaje cercano y comprensible para todas las personas que vengan a la reunión. A veces nos enredamos en explicaciones y palabras complejas que nos alejan de las familias. Hemos de hablar con sencillez.

- Presentación del profesor/a y de los asistentes.
  Basta decir tu nombre, tiempo en el centro o trabajado y lo que vas a impartir. Después da la palabra a las personas que están contigo.

- Información básica del curso.

- Horario del grupo (fotocopiado con antelación)
  Por si sus hijos o hijas no lo tienen (o no les interesa que lo tengan). Es aconsejable que si hay algún desdoble o alguna flexibilidad especial, a cada familia se le entregue concretamente el suyo. Es una atención que no cuesta trabajo y ayuda a aproximar a las familias.

- Horario de atención a las familias.
  Es importante que estemos a disposición de las familias desde el principio. Este dato se puede incluir en el horario escolar del curso, para no duplicar papeles.

- Horario del tutor/a (si no eres tú) y del orientador/a.
  Saber que hay otras personas con las que contar es siempre un alivio para las familias.

- Hoja de petición de teléfonos.
  A veces los teléfonos con los que cuenta el centro no son los adecuados porque tienen algún error o también puede suceder que los chicos/as no recuerden el número de teléfono de sus progenitores o tutores. Hay que aprovechar esta reunión para tomar esa información.
  La hoja que repartas que venga ya con los nombres de los niños o niñas y que tengan un espacio para que pongan el nombre de sus padres y su número de teléfono.

- Características del centro.

  Sabemos que cada centro escolar es un mundo y el nuestro, también. En este apartado explicamos las características y peculiaridades del centro, así como otras cuestiones, tales como:

  - Control de asistencia y formas de justificar las faltas. *Insistiremos en el control de absentismo y cómo este puede repercutir en becas y/o ayudas.*
  - Control de salida del centro. *Normalmente en cada centro hay cierto protocolo y algunas salvedades. Ahora es el momento de contarlo.*

- Conductas contrarias a las normas de convivencia y sus correcciones.

  En este punto hemos de sacar a la luz todas las acciones que el centro dedica a la prevención de dichas conductas como el Alumnado Ayudante, la Mediación escolar, las tutorías individualizadas, etc., así como las charlas, sesiones de formación y temas de tutoría que se traten para mejorar las convivencia. También hablaremos de los diferentes partes de disciplina y las medidas disciplinarias que se tomen al respecto. Puede que muchas de las cosas que vienen en este libro te sirvan aquí.

- Criterios de evaluación, calificación y, si es el caso, de titulación. *¡No hay nada como tener que contarlo para aclararse uno! Y cuando lo contemos, hacerlo de forma sencilla sin demasiadas vueltas, yendo a lo clave.*

  Si necesitas algún material concreto o por el contrario prescindes de alguna cosa (yo no utilizo el libro en bachillerato) es el momento de decirlo. Son pequeños detalles que nos ayudan a todos.

- Ofrecer distintas formas de colaboración con las familias.

  Seguramente en el centro habrá Delegados/as de madres y padres, AMPA, padres y madres en el Consejo Escolar, etc., y es bueno que sepan quienes son y qué pueden ofrecerles. También puedes proponer un plan de entrevistas trimestral u otras reuniones posterio-

res. Las familias, cuanto más participan, mayor incidencia positiva tienen en los resultados de sus hijos e hijas.

- Otras cuestiones.
  Es posible que en vuestro centro haya un programa de detección de altas capacidades, algunas pautas concretas respecto a diversos temas, etc. Ahora es el momento de sacarlo a la luz.

  Ruegos y preguntas.
  Estar abiertos a lo que nos digan es muy importante. Para ello primero hay que escucharlos e incluso tomar nota. Tal vez la respuesta no tiene que ser instantánea, incluso se puede postergar a otra ocasión. No nos precipitemos y si algo no sabemos, humildemente reconozcámoslo. Es mejor tener la información correcta, aunque sea después que no tenerlo. Esto crea confianza.

Orientaciones para las familias.

Siempre hay algunas pautas interesantes que se pueden tener en cuenta cuando comenzamos el curso, tal vez en la primera entrevista con las familias o en determinadas ocasiones, según veamos.

Son pequeñas estrategias que pueden ayudar a las familias a acompañar a sus hijos e hijas a lo largo del curso.

- Mantener el contacto con asiduidad.
  Hay formas de mantener el contacto entre el profesorado y las familias de forma que el alumno o alumna sepa que hay ese intercambio fluido: mediante las agendas, con notas con acuse de recibo o con llamadas de teléfono en las que se invita a los padres y madres que revisen con sus hijos lo sucedido.
  No tiene que ser siempre para dar malas noticias, antes bien se ha de dar parte también de las mejoras que se van observando.
  Que los niños y niñas se sientan «observados» puede ser interesante para que ellos corrijan ciertos comportamientos, y la complicidad entre el profesorado y las familias puede ser clave para ello.

- Gestión del ocio.

Muchas familias no son conscientes de lo importante que es pasar momentos singulares con sus hijos e hijas durante la niñez y la adolescencia. Una manera de incidir positivamente en el tiempo de ocio y reducir las horas de televisión, móvil o juegos es pasar tiempo con ellos y ellas. Algunas veces centrarse en las relaciones con los hijos/as, dejando al margen las conductas que tengan puede incidir muy positivamente en ellos.

Animar a las familias a escuchar a sus hijos e hijas adolescentes sin juzgarlos y validando sus sentimientos es una buena inyección que les va a permitir acercarse a ellos y les va a abrir posibilidades de pasar tiempo juntos. Pero ¿qué tipo de actividades? Podríamos enumerar muchas de ellas, pero os doy algunas recomendaciones sencillas:

- Deja que ellos planeen algo para hacer juntos. Seguramente pensarán en sus gustos (comer en un sitio que les guste o visitar algo de su interés) o no sabrán bien qué hacer. Es muy agradable hacer actividades que ellos elijan pues sentirán que su opinión cuenta y te escucharán mejor. Y si no tienen mucha idea, se les pueden ofrecer alternativas como las que vienen a continuación.
- Id juntos de compras para que se compren algo que ellos quieran. No se trata de gastar lo que sea sino de aprender a conocer sus gustos. A veces les hacemos regalos que a nosotros nos gustan o nos resultan prácticos, pero para ellos es un horror. Hay que aprender qué prefieren y qué no.
- No castigarles dejándolos sin sus actividades deportivas o de ocio que tengan programados. No mezclar el entrenamiento o el gimnasio con la escuela es importante, puesto que no hay que privarles de actividades que les benefician física y psicológicamente. Hay que buscar otras alternativas.
- Ir a comer juntos es una oportunidad de pasar un tiempo de calidad. No olvidemos que tiene que ser un buen rato, así que afinemos la oreja y hablemos menos.

Para que las familias puedan limitar las horas de móvil o de cualquier otra cosa, es fundamental que primero seamos significativos para ellos, es decir, que no les de igual lo que pensemos. Y, para ello, hay que estar en sus vidas estando disponibles siempre y pasando tiempo juntos.

- Supervisar el trabajo en casa.

  Algunas familias observan a sus hijos e hijas estudiando con normalidad y luego los resultados no son nada buenos. ¿Qué sucede? A veces los hijos no saben bien cómo estudiar y otras veces sucede que sus hijos están haciendo el «paripé» (sobre todo en la adolescencia), y aunque pasan tiempo encerrados, no están estudiando.

  Los padres no tienen que estar encima de los niños (y mucho menos de los adolescentes), mientras hacen los deberes o estudian, pero sí han de supervisar las tareas que traen de la escuela de manera natural, sin presiones ni juicios, estando cerca por si necesitan ayuda y verificando con ellos que todo ha ido bien.[8]

  La hora del almuerzo es un momento ideal para preguntar cómo les ha ido el día. Durante el almuerzo es muy aconsejable evitar cualquier distracción como la televisión, el móvil, etc. Si acaso, una música de fondo mientras se tiene una conversación agradable. Este momento ha de procurarse hacer en familia para ayudar a conservar y promover los lazos de los que después echar mano en alguna situación difícil. Si no hablamos normalmente con nuestros hijos e hijas en situaciones neutras o agradables, será más complicado hacerlo en otras desagradables. Por consiguiente, este momento del día es ideal para preguntar qué tareas trae o qué tiene que estudiar. No hace falta que te enseñe la agenda o el cuaderno, al menos si sus resultados son buenos. Pero, si no es así, es importante que, primero, se insista

---

[8] Parece ser que en primaria influye más el seguimiento de las tareas de las familias y del profesorado que la cantidad de tareas y el tiempo invertido en realizarlas. Es, por tanto, muy importante hacer ese seguimiento. https://www.ief.es/docs/destacados/publicaciones/revistas/pgp/90_03.pdf

en que apunte en la agenda las tareas y el estudio del día (que no lo vas a revisar comiendo, claro, pero sí cuando toque ponerse a trabajar), y si no es así, habría que preguntar a un amiguito o amiguita por dónde van (para saber en qué ayudarle) o llamar al tutor o tutora para concertar una cita y ver de qué forma se pueden coordinar.

Pero no basta con ver qué tareas tiene: hay que preguntarles si las ha terminado. Y volvemos al mismo enfoque, es decir, si te dicen que sí y tienen buenos resultados, no hay motivo (en principio) para desconfiar. Mejor es hacerle un elogio y agradecerle que haga su trabajo. Pero si no tiene buenos resultados, primero hay que indagar con él o ella a ver si es que tiene dificultades o es que no va repasando. Según sea, habrá que echarle una mano (mejor alguien ajeno) o tal vez habrá que animarle preguntándole la lección o invitando a un compañero/a para que le ayude. Entre ellos suele funcionar muy bien.

- Motivación en casa.

Para motivar a los hijos e hijas no podemos perder el sentido del humor y tampoco olvidar que se atrapan más moscas con una cuchara de miel que con un litro de vinagre, es decir, que es mejor no estar regañando y peleando constantemente sino escuchar y tratar con cariño y firmeza a los hijos e hijas antes de hacer cada vez mayor la distancia entre ellos y sus madres y padres.

A los adolescentes les agrada que le digan buenas palabras y, aunque parezca que no escuchan, siempre lo están haciendo.

Una estrategia para motivarlos es llegar con ellos y ellas a un acuerdo. Pero no todo vale. Un pacto que no es posible cumplir («te compro una moto»), que no es realista o que no es oportuno para su edad («te compro un vaper») o experiencia vital, no es un buen pacto. Así que prometer comprar un perro si aprueba el curso no es una buena forma de hacer un pacto. Primero, porque los niños se cansan de sacar todos los días a la mascota y acabas haciéndolo tú, y después, porque es un pacto a muy largo plazo.

Mejor buscar pequeñas metas con tratos razonables como: «si te pregunto la lección y te la sabes, te dejo media hora más en la calle», cosa que preferirán al típico «hasta que no te lo sepas, no sales», ya que reciben algo a cambio. Otro pacto adecuado es: «cuando hagas los tres ejercicios de matemáticas, te dejo ver una hora la televisión»[9]. No puede ver la televisión «infinitas horas» y has de comprobar que ha hecho los ejercicios antes de ofrecerle su recompensa.

Otra forma de motivarlos es explicarles el beneficio de hacer las cosas como es debido. Si los chavales saben en cada momento lo bueno que es hacer las cosas bien, los mantienes motivados y, aunque te digan que eres muy «pesada», en verdad te escuchan y el efecto es positivo. «¡Qué bien que aprendas esas cosas en clase! Eso te hará aprender otras nuevas con más facilidad» o también «verte hacer las tareas es fantástico, porque, cuanto más trabajes, más sencillas te serán las cosas en la vida». Son pequeñas «medallas» que les colgamos con las pequeñas cosas que hacen y que les pueden ayudar a valorar lo que hacen, a mejorar su autoestima y a seguir adelante.

Una clave importante es acompañarlos cuando tienen alguna dificultad en casa, como, por ejemplo, un cuarto completamente desordenado o un niño que se pasa horas jugando a videojuegos. El acompañamiento es más complicado que tener buen humor o halagarlos cuando hacen algo bien. Exige del acompañante paciencia, sentido común y una buena dosis de consciencia. El acompañamiento nos lo enseña la disciplina positiva en cuatro pasos:

- Escuchar a tu hijo o hija para entender qué sucede. Y esto no significa hablar (ya sé, parece una perogrullada). Más bien es conversar de forma distendida y aplicar la escucha activa. Hay que tener la mayor información posible para comprender en

---

[9] El principio de Premack facilita una actividad poco probable con el refuerzo de otra que gusta más. Lo típico de tu abuela que te decía «te daré el postre cuando te comas los garbanzos». Psicología y sabiduría popular unidas una vez más.

profundidad lo que sucede y cómo lo vive. Cuando tenga el mensaje claro puede decir qué piensa.

- Hacer una lluvia de ideas de posibles soluciones a este problema. Recuerde que la mejor solución tiene que ser eficaz y justa, y esto incluye ciertas negociaciones, como hemos visto, para que tanto los padres como el hijo o hija estén satisfechos.

- Acordar un momento tope para llevar a cabo el acuerdo. Poner un límite es muy importante, porque te da la llave sobre lo que puede pasar después (o sea, que no lo cumpla a tiempo):

  - He visto que no has ordenado tu cuarto aún. ¿Quieres hacerlo ahora, por favor? (una forma amigable y sin crítica). Asegúrate de que tu hijo o hija ha entendido bien el acuerdo y el límite que tiene para cumplirlo, sabiendo que es probable que no lo cumpla a la primera. Entonces también le podrías decir algo así:
  - ¿Cuál fue nuestro acuerdo? Ya sabemos que es probable que no cumpla el plan propuesto y que ponga muchas pegas. Después de hablarle de forma amigable y de recordarle que teníais un acuerdo, lo siguiente es callar y mantenerse firme con una sonrisa, poner cara de circunstancia y, tal vez, hacerle alguna muestra de cariño (¿un abrazo?) y dejar que lo haga. Hay que tener en cuenta que, si se entra en la discusión, estamos perdidos.

Tengamos en cuenta que nuestros hijos no piensan como nosotros, así que es normal que sus prioridades no coincidan con las nuestras.

Para esto hay que buscar el momento oportuno para hablar de esas dificultades con ellos y ellas, para no meter la pata. Es buena idea anunciar la necesidad de hablar sobre algo concreto y poner un momento (después de cenar, por ejemplo) para que tu hijo o hija se vaya mentalizando. Y algo muy importante: si los hijos no ven que los padres mantienen los acuerdos alcanzados, ellos tampoco lo harán.

4

Actúa con tu centro: ¡fórmate!

«Nunca consideres el estudio como una obligación,
sino como una oportunidad para penetrar en el bello
y maravilloso mundo del saber».
Albert Einstein

QUÉ HACER

Seguramente a estas alturas de la vida tendremos conciencia de lo importante que es en una escuela o en un instituto, el valor de una convivencia que sea vivencial o, como prefiero decir, una convivencia con-vivencia.

Tener vivencias positivas y agradables puede resultar muy motivador para el alumnado y para el profesorado de un centro educativo y propiciar que esto se dé en nuestro centro concreto está en nuestras manos concretas.

Como centro es estupendo que unamos fuerzas y maneras de hacer las cosas para que esto sea realidad y, de este modo, se amortigüe entre todos algunos de los problemas de convivencia que pueden aparecer, como es natural, en nuestro día a día.

En mi anterior libro propuse algunas cosas interesantes que se podían enfrentar desde el Plan de Convivencia, como unas normas de convivencia consensuadas de verdad, un Aula de Convivencia diversificada, una resolución pacífica de conflictos con medidas correctoras útiles y sencillas de aplicar, etc., pero hay otras cosas que se pueden planificar como centro educativo y algunas que se mencionaron sobre las que es interesante profundizar.

Esta es la idea que queremos desarrollar aquí en este *Manual para sobrevivir en clase* desde el convencimiento de que un centro comprometido y con respuestas planificadas es un lugar seguro para que el profesorado pueda enamorar de conocimiento a ese alumnado que, aunque no lo sabe, necesita aprender muchas cosas para hacer un mundo mejor.

Por eso os voy a proponer algunas nuevas alternativas que iremos desarrollando juntos a lo largo de este capítulo para mejorar, como centro, la convivencia.

Una apuesta seria de un centro educativo pasa por *proporcionar herramientas que respondan a las necesidades docentes que podamos tener y que nos faciliten la tarea de enseñar en un ambiente adecuado,* y esto se consigue con *profesionales formados.* Ofertar una formación planificada permite dar una respuesta integral a la pregunta que se hace el profesorado sobre «¿qué necesito?» para dar clase de forma eficiente, lo que se traducirá en una mayor seguridad en clase y una sensación de mayor respaldo a la actividad docente.

La Unión Europea, a este respecto, afirmó que la formación del ciudadano Europeo en el siglo XXI sería una de las competencias generales a lo largo de toda su vida. El profesorado no va ser menos.

Hay una formación necesaria para afrontar una clase con éxito que depende del contexto de cada centro educativo, de su localización y de las personas que lo integran, pero hay algunos de los temas que os voy a proponer que son fundamentales para el profesorado y, aunque contaréis con algunas indicaciones sencillas sobre los mismos, no penséis que con lo que aquí viene se os exime de formaros adecuadamente. ¡Nada más lejos de mi intención! En cada centro tendréis unas necesidades concretas que, si las detectáis a tiempo, os van a dar un listado más completo y adaptado de lo que de verdad se necesita. Lo que os propongo es, en mi humilde opinión, lo más básico y claro, pero lo que realmente yo desearía es que os entraran ganas de conocer más. Ahí va la propuesta:

a) Organización de los **sentimientos**.

Tomar conciencia de cómo uno se siente es fundamental, pues nos puede llevar a la mente, que es quien puede marcar la dirección hacia donde se va en la vida, las cuestiones del «corazón». Si queremos que los niños y adolescentes puedan identificar sus sentimientos y sepan qué hacer con ellos, es necesario que también nosotros seamos competentes en esta materia tan fundamental.

Para ello podemos utilizar una versión de andar por casa de las zonas de regulación que nos propone el libro *The Zones of Regulation* escrito por Leah M. Kuypers y que nos ofrece, en primera instancia, una forma sencilla de reconocer nuestros sentimientos utilizando cuatro colores:

- Zona azul: relacionado con la tristeza, la timidez, la depresión, la enfermedad, el aburrimiento o el cansancio. Es una zona de la que se deriva lentitud en cualquier cosa.
- Zona verde: en la que se encuentra sentirse enfocado, tranquilo y feliz, en paz y quietud, orgulloso, preparado para escuchar y listo para aprender.
- Zona amarilla: es la zona de la preocupación, de cierta inquietud, tal vez frustración, celos, confusión, molestia, una zona en la que sientes que no tienes del todo el control, que puedes perderlo de alguna forma.
- Zona roja: la del enfado, tensión, miedo gritos y movimiento, con emociones extremas; en resumen: fuera de control.

Es una manera muy gráfica de localizar enseguida cómo nos sentimos y cómo nuestro alumnado se siente, aunque podemos utilizar simplemente las palabras para decir cómo nos encontramos. Si enseñamos al alumnado estas zonas y a localizarse dentro de ellas, podemos dar también pautas para que poco a poco vayan todos a la zona verde o lo más próximo posible, puesto que todos somos los conductores de nuestras emociones y podemos llevarlas donde queramos si ponemos en juego nuestra mente: por eso es tan importante ser conscientes.

Para nosotros, maestrillos fugaces, nos viene también bien la información de en qué zona se encuentran pues podemos saber qué les sucede y tomar nota para no, por ejemplo, confrontarnos con un alumno en zona roja ni dejar dormir a otro y así nos deje tranquilo, si está en zona azul. Estas cosas no servirán más que de refuerzo, en este caso, negativo, y no podremos sacar nada en claro ni para ellos ni para nosotros.

Por supuesto que encontrarse en una u otra zona no es bueno ni malo, puesto que los sentimientos en sí mismos no lo son y, además, a lo largo de nuestra vida (y a veces de un mismo día) pasamos por todas estas zonas y todas tienen sus ventajas e inconvenientes. Por ejemplo, si te van a atacar en la ferretería y el miedo te lleva a tensar tu cuerpo y reaccionar para defenderte, está claro que, en este caso, ¡viva la zona roja! Pero para estar en clase, lo ideal es estar en la zona verde.

Reconocer los sentimientos, como hemos dicho anteriormente, es el primer paso para saber qué hacer con ellos y claramente hay unas sencillas pautas para pasar de una zona a la zona verde que también se pueden enseñar, como:

- Si estás en la zona azul puedes hablar con alguien, tomarte un descanso, darte un paseo, cerrar los ojos un poco, dar o darte un abrazo, oír música, hacer ejercicio, distraerte con un *hobby* . . .
- Si estás en la zona amarilla, también puedes hablar con alguien, contar hasta 20, respirar profundamente, apretar alguna cosa, dibujar, tomarte un descanso, intentar de nuevo lo que sea, pensar en lugares de paz, echarte un «autopiropo»...
- Si lo que deseas es pasar de la zona roja a la verde, primero de todo para lo que estés haciendo, tómate unos momentos para respirar profundamente y busca elecciones más sensatas. También puedes contar hasta 20 despacio, pedir un descanso, buscar un lugar tranquilo o seguro donde estar, pedir ayuda a otra persona, hacer ejercicio, dormir la siesta y finalmente, caminar.
- Para permanecer en la zona verde y no ir de una zona a otra, puedes sonreír, dar las gracias, ayudar a otras personas, usar

palabras bonitas y agradables, escribir sobre cosas positivas, escuchar a otra persona y pensar en positivo.

Ya sé qué me vas a decir: «Algunas de estas cosas no se pueden hacer en clase» y es cierto, ¡claro que no! Pero es que la vida está más allá de clase y pueden aprender algunas formas interesantes de pasar a la zona verde también en casa. De todas formas, habrás observado que algunas de las que están sí que se podrían usar en clase (seguro que hay más). Puedes, si quieres, hacer tu propio listado.

b) Aprende (para luego enseñar) a **planificar**.

Para poder decidir bien, tenemos que tener las «luces largas» puestas, es decir, mirar más allá de lo inmediato, para poder conseguir nuestros objetivos. Y, claro, lo primero de todo para ayudar a la autonomía de una persona adulta es tener unos objetivos claros y ver la forma en que estos se pueden conseguir.

Una forma de planificar mejor es *dividir nuestras metas en pequeñas metas* que nos irán conduciendo poco a poco a lograr lo que nos proponemos. De esta forma, tendremos más claro cómo conseguir nuestros objetivos, y al lograr cada pequeña meta obtendremos un autorrefuerzo positivo que nos motivará para conseguir el siguiente paso. Así, poco a poco, llegaremos a lograr nuestros objetivos.

Nuestro alumnado tal vez no ha pensado lo útil que es «divide y vencerás», pero para eso estamos nosotros: para experimentarlo primero, y enseñarlo después.

Decidir qué hacer en cada ocasión para que el plan funcione de forma adecuada exige también el uso de diversas herramientas que nos permitan decidir cuál de nuestras posibles formas de alcanzar un objetivo es la más idónea. Para ello podemos usar las *ventajas, inconvenientes y dudas* que podamos generar de cada una de estas posibilidades para evaluarlas mejor y tomar al final la decisión, como nos diría Manuel Segura, más *justa y eficaz* posible. ¿Y por qué justa + eficaz? Porque ahí encontraremos el equilibrio. Me explico. Si nuestro objetivo es ganar mucho dinero, podríamos vender droga. Eso sería eficaz, porque lo conseguiríamos rápidamente y en cantidad, pero no sería justo por muchas razones (las personas que se drogan y acaban en la dependencia de unas sustancias que los convertirían en «muertos vivientes» sería una bastante buena). Por tanto, esta solución no nos valdría. También podríamos pensar en trabajar en lo que sea o en muchos trabajos (el mayor tiempo posible), con tal de que, cada vez, consigamos tener más ingresos. Esto no sería eficaz porque haría que nuestro descanso fuera cada vez menor, dejaríamos de tener vida social, no tendríamos tiempo para los pequeños placeres de la vida y al final nuestra sensación sería más de esclavitud que de logro personal. Así que vender droga y dedicar todo el tiempo posible a trabajar, aunque son posibilidades, no son una buena solución porque no son justas y eficaces.

De entre las que tengamos un listado mejor (no digo mayor) de ventajas, peor de inconvenientes (no digo menor) y que hayamos resuelto el máximo de dudas posible de entre las que tengamos, elegiremos las que cumplan el binomio JUSTAS + EFICACES. Y esto, señoras y señores, también se aprende.

c) Aprender a **demorar la gratificación**.

Significa aplazar la recompensa inmediata para mantener el comportamiento a largo plazo. Claramente está muy relacionada con lo académico, ya que el alumnado puede aprender a sacrificar la inmediatez de bajarse a la calle a estar con los amigos por un rato de estudio que le va a permitir en un futuro disfrutar de la amistad porque tendrá también tiempo para ellos. Está demostrado que las personas que de pequeñas han sabido esperar con tal de obtener una recompensa mejor o mayor, de adultos son personas más equilibradas y que se controlan mejor, con lo cual logran mejor sus objetivos (es *el test de la golosina* de Walter Mishel).

A nivel neurológico, demorar la gratificación está relacionado con la recompensa cerebral en cuanto a reforzar o inhibir los estímulos, la emoción y la motivación, aunque en niños menores de cuatro años no es posible tener esta capacidad, pues el lóbulo frontal no ha madurado lo suficiente para poder tener control sobre la demora de la satisfacción.

Y lo mejor es que esta habilidad, pese a tener un componente, digamos, innato, se puede entrenar conscientemente distrayendo la atención del estímulo deseado dirigiendo la mente hacia otros focos, visualizando la recompensa futura, dividiendo el camino para alcanzar la meta en pequeñas metas a corto plazo (como comentábamos antes) o con metáforas que nos ayuden a reflexionar y mejorar el control, si son más mayores.

Para que haya una enseñanza efectiva de esta práctica, hemos de plantear a nuestro alumnado pequeños retos en este sentido que serán más efectivos en la medida en la que nosotros y nosotras mismas seamos conscientes de las ocasiones en las que puedo practicarlo y lo pongamos en práctica. De otro modo, sonará «falso». Para saber cómo hacerlo bien, hay que formarse.

d) Técnicas de **relajación** y de **meditación**.

Uno tiene que cuidarse a sí mismo, por lo que es importante saber relajarse en medio de la vorágine de la vida en la que muchas personas vivimos. Tener una actitud sosegada puede ayudarnos mucho en la vida sobre todo a la hora de tomar decisiones o de afrontar situaciones que pueden ser graves o necesitan una respuesta rápida y acertada.

Siempre recuerdo en este punto a Larri, el director de la Universidad Laboral de Málaga. He presenciado cómo en situaciones tensas, imperiosas e incluso desagradables, mi compañero y amigo Juan José Larrubia guardaba la calma y respondía con serenidad a todo tipo de «emergencias» (algunas de ellas querían ser más bien imposiciones). Esta actitud de tener una mente serena en medio de la dificultad, si no es algo innato en ti, se puede entrenar con técnicas de relajación o meditación, pues nos permiten ir conectando cada vez con más facilidad y mente clara a las dificultades de la vida, entre las que se incluyen algunas situaciones que pueden ocurrir en clase.

Los chavales se encuentran en una edad en la que aún no han madurado lo suficiente como para saber responder con calma a lo que les va acaeciendo, y no pocas veces nos hablan o se comportan con arrogancia y chulería, y si nuestra respuesta es también desde el enfado o la impaciencia, entramos en un ciclo de violencia que no nos beneficia ni a nosotros (por exceso de cortisol que se libera con el estrés y el desgaste de nuestro instrumento principal, la voz) ni a ellos, que no podrán aprender algo distinto de la violencia que, tal vez, viven en su día a día. Hay que romper con esto, y nosotros, los adultos, tenemos mucho que decir a este respecto. Por eso es importante aprender a no perder los papeles. Además, como referentes que somos, el aprendizaje que pueden tener al guardar la calma es que ellos la guardarán con nosotros. Y eso, creedme, es un éxito.

e) Gestión de los **conflictos**.

Para la gestión de los conflictos existen muchas herramientas al alcance del profesorado como la ***mediación escolar*** que se ofrece en todos los centros de formación para el profesorado y que nos ayuda a enseñar a dos partes enfrentadas a resolver sus conflictos usando una estrategia sistemática y sencilla que nos puede sacar de algún apuro cotidiano.

Pero no es la única herramienta, aunque tal vez sí la más conocida. Para situaciones conflictivas entre el profesorado y el alumnado en el día a día, además de lo dicho anteriormente, hay otras propuestas que se pueden poner en marcha como:

- Comunicación No Violenta (**CNV**). Es una manera de entender la vida que nos hace aprender estrategias que permiten decir las cosas de forma correcta, segura, que no ofende y en la que se incluye una petición que beneficia tanto al interlocutor como al receptor del mensaje. Son formas de hablar diferentes. Necesitan de un estudio profundo de varios aspectos, pero nos pueden hacer cambiar totalmente las conversaciones que tenemos con nuestro alumnado.

En un diálogo en clase, por ejemplo, la conversación puede ir de este modo:

—¡Pedro! ¿Se puede saber qué estás haciendo?

—¿Qué dices, maestro? ¡Yo no estoy haciendo nada!

—¿¿Quéééé?? Pero ¡si te he visto lanzar el estuche por la ventana!

—¿No te enteras? ¡Que no he sido yo! ¡No te motives!

—Pero ¡qué falta de respeto! ¿Así le hablas a tu maestro! ¿Qué te has creído?

—¡NO RAYES!

. . .

Esto tiene guisos de no terminar muy bien. Esto mismo usando la CNV podría ser algo así:

—Pedro, sal un momento fuera conmigo, por favor. (*Ya fuera de clase*). He visto un estuche volando por la ventana. (*Observar sin juzgar*). Estoy pensando que le puede dar a alguien en la cabeza y hacerle daño. ¿Cómo te sentirías si vas tan tranquilo y te cae un estuche en la cabeza?

—Pues no sé . . . Pero yo no lo he tirado.

—¿Temes que te castigue si me cuentas la verdad?

(*Pedro duda. . . sabe que tal vez su maestro lo ha visto*)

—Pues la verdad es que sí, porque eres un maestro severo cuando algo no te gusta.

—¿Preferirías que fuera más comprensivo y que te tratara mejor? (*Por dentro está el maestro que trina, «pero ¡si lo he visto con mis propios ojos!». Y encima tengo que traducir lo que siento y lo que necesito de forma adecuada*).

—¡Sí, claro! ¡Como si fueras a hacerlo mejor!

—(*En un tono sosegado*) ¿Es que crees que digas lo que digas no te trataré justamente?

—¿Acaso importa? Cuando pasa algo lo único que quieres es castigar a alguien, pero ¿qué importa lo del estuche? ¡No le ha dado a nadie! No me parece que sea algo tan terrible.

—O sea, que tienes miedo de admitir que podrías haber sido tú porque eso te acarrearía malas consecuencias y tú quieres un trato justo, ¿verdad?

—Pues sí, eso es.

—Mira, Pedro, cuando te escucho cosas como «no me parece algo tan terrible», siento rabia porque veo que haces cosas sin pensar en las consecuencias y me entran ganas de hacer lo de costumbre (*Expresar lo que siento*), y realmente tengo ganas de escucharte y de no caer en amenazarte ni culparte ante lo primero que pueda pasar para resolver este tema y los que vengan después (*Expresar una necesidad relacionada con ese sentimiento*). Me gustaría de veras resolver esto contigo hablando. ¿Te parece bien que lo intentemos de verdad? (*Hacer una propuesta que beneficia a ambos*)

. . .

¿Crees que esta conversación terminará de la misma forma que la primera? Seguramente dará más fruto. La CNV no es sencilla de hacer, pero te permite entrar en un proceso consciente que hace que lo que se dice y hace sea más acertado. Se necesita práctica y, por supuesto, estar formado. ¿Qué te parece?

- **Estilo docente.**

  En este tema nos pasa como en la ventana de Johari: hay un área ciega que los demás saben de ti y que tú desconoces. Y es que parece que todo el alumnado (y algunos maestros y maestras) sabe qué tipo de maestro o maestra eres menos tú, y reconocerlo nos puede costar, a veces, un pequeño disgusto, porque descubrimos un día que no somos tan buenos como pensamos, y aceptarlo puede ser tan duro como que ignoremos este descubrimiento o lo justifiquemos con argumentos banales para los demás, pero sensatos y juiciosos solamente para nosotros mismos.

  Entre un estilo autoritario y uno permisivo, podemos encontrar el equilibrio en lo que se llama un estilo «democrático-directivo» o «asertivo» (según quién te lo cuente), que nos habla de límites razonables, regulación de conductas significativas, normas consensuadas, clima afectuoso y respetuoso y de un orden al servicio del aprendizaje. Son temas a veces tabú entre algunos de nosotros que, de estar en uno de los extremos anteriormente referidos, nos cuesta comprender. Por eso es necesario una formación que nos invite a reflexionar sobre los diferentes estilos que hay, su valor y consecuencias y la manera más efectiva de acercarnos al que puede resultar más educativo: el democrático-directivo.

Esto no quita que seamos personas exigentes, sino que añadamos cariño; no quita que a veces seamos expositivos, sino que lo equilibremos con cierta actividad y reflexión; no quita tampoco que usemos las nuevas tecnologías, sino que no restemos humanidad a lo que enseñamos; no quita que trabajemos cooperativamente, sino que demos valor tanto a lo grupal como a lo individual y, por último, no quita que seamos innovadores, sino que tengamos una estructura básica en nuestras clases que den seguridad y sensación de orden a nuestro alumnado.

Aprender a corregir de forma constructiva, enseñar con el ejemplo las conductas adecuadas, mostrar los errores y aprovecharlos como oportunidades para crecer, evitar el castigo, dar autonomía y reconocer cuándo algún alumno o alumna lo hace bien son algunas de las maneras de ser firmes pero no dominadores, y ejercer nuestra tarea de educadores como guías que acompañan en una relación de respeto con nuestro alumnado.

Saber qué estilo docente tenemos y hacia dónde queremos llegar es esencial, pues nos da un objetivo profesional alcanzable y real que no solo nos puede dignificar en nuestra tarea, sino que nos la va a facilitar muchísimo.

- Técnicas concretas para **abordar la clase**.

Muchas personas necesitamos una especie de «guía» o «recetario» para sentirnos seguros a la hora de afrontar nuestra hora de clase. Y hay cursos en los que se ofrecen pequeñas técnicas que nos pueden ayudar cada día para que nuestra clase sea un lugar más saludable (sobre todo mentalmente) y que propicie el aprendizaje, como las advertencias en privado, el diálogo dirigido, el coste de respuesta, el tiempo fuera, soslayar alguna conducta . . .

Estas orientaciones pueden ser de gran ayuda para muchas personas y nos pueden facilitar la tarea. Yo mismo he asistido a cursos de este tipo con personas como Juan Vaello, que me han enseñado muchas cosas prácticas. Además de aprenderlas intelectualmente, las tenemos que poner en práctica para que tengan sentido para nosotros y nosotras y para que las podamos también adaptar con nuestra creatividad al alumnado que tengamos ese curso.

f) Gestión del aula.

Crear *un clima que favorezca la convivencia y el trabajo en clase* es fundamental para que todo fluya. Y es que para ejercer un control valioso de lo que sucede en la hora de clase es necesario saber cómo canalizar las relaciones entre el maestro o la maestra y su alumnado y optimizar el rendimiento de los niños y niñas.

Aprender a *motivar* al alumnado, a *mantener su atención* y saber *qué funciona y qué se puede hacer* es fundamental para tener éxito.

Una lluvia de ideas sobre qué cosas se pueden hacer nos brinda variedad para cambiar de música cuando «la gente no baila» y evaluar si nos funciona o no puede hacer que mejore considerablemente mi gestión en cada grupo-clase.

Hay que saber que lo más complejo a veces no es lo mejor y que cosas que se han hecho siempre (como observar, apuntar, planificar y evaluar en un papel) pueden seguir funcionando hoy en nuestras aulas.

Y hay que estar preparado para las provocaciones, incumplimientos, retos, desobediencias y demás desafíos del alumnado mentalmente, pero también con algunas técnicas que nos permitan dar clase, aunque no cualquier clase.

Lo ideal es que aprovechemos las oportunidades que nos brindan las dificultades para mejorar y crecer como profesionales y como personas y saber cómo poder hacerlo puede hacer que demos un salto de calidad en nuestra gestión de la clase.

g) Por último, **relaciones interpersonales**.

No olvidemos que trabajamos con personas: alumnado, familias, compañeros (profesores, limpiadoras, personal de secretaría, conserjes . . .) y no todos y todas sabemos mantener unas relaciones humanas fluidas en todo momento.

Profundizar en las relaciones interpersonales nos puede facilitar la comunicación con el alumnado, mejorar la colaboración con las familias, establecer puentes de unión con el personal del centro y mejorar nuestra sensación de felicidad.

Es cierto que algunas de esas relaciones serán circunstanciales (a caballo entre lo profundo y lo superficial), pero en ocasiones es posible trascender y mejorar los cauces de entendimiento. Para ello existen técnicas para aprender a expresar las opiniones y necesidades de forma asertiva, para resolver pequeños malentendidos (primero ser conscientes de ellos), hacer críticas (con la técnica del sándwich) o aprender a decir «no» o pedir un cambio de conducta (de nuevo, la asertividad nos va a ayudar). Y ya digo, viendo vídeos de fútbol no se aprende a jugar al fútbol: hay que practicar. Por eso, estas cosas que nos parecen intelectualmente sencillas necesitan de nuestra praxis. Y ¿qué mejor que hacerlo en una formación?

Como podéis observar, el listado no es muy largo pero intenso. Y tal vez se pueda completar viendo las necesidades concretas del centro. Pienso que algunos temas se pueden ofertar a principio de curso y otros se pueden llevar a cabo mediante grupos de trabajo (en plan, investigación entre compañeros y algún especialista que pueda puntualizar todo), e incluso a lo largo del año en sesiones puntuales. El caso es estar formado y lograr implicar a un grupo de compañeros y compañeras interesados y con deseo sincero de mejorar la práctica educativa. Los demás, en cuanto vean resultados, se querrán sumar al carro. Palabrita.

CÓMO HACERLO

Es muy importante tantear al profesorado sobre los temas que se quiere formar y no dejar sin respuesta a ese típico grupo de maestros y maestras que piden un año algo concreto. Aunque sea hay que buscar a alguna persona especialista que les dé una charla. Porque las ganas de aprender se van pasando con el tiempo, a menos que seas una persona con muchas ganas de saber cosas.

Para tantear al profesorado sobre la formación, nada más sencillo que una pequeña encuesta como esta:

PLAN DE FORMACIÓN DEL CENTRO

Como sabéis, la formación es muy importante, ya que nos proporciona habilidades y conocimientos que nos ayudan a impactar positivamente en el alumnado, nos proporciona herramientas que nos permiten prepararlos mejor académicamente y nos permiten contribuir más y mejor en el bienestar de la sociedad. Además, hay varias razones concretas:

1. Somos los *influencers* de nuestro alumnado. Jugamos un papel fundamental en esta etapa de sus vidas y si estamos bien formados los podemos guiar en este proceso.
2. Necesitamos conocer las mejores herramientas posibles para impartir el conocimiento de forma efectiva pues saber transmitirla es clave para que tenga sentido.
3. Hay mucha diversidad en nuestras aulas y saber cómo atenderla es muy importante para facilitar una educación inclusiva.
4. La educación evoluciona constantemente y conocer cuáles son los avances más modernos manteniéndonos al día nos puede dar nuevas herramientas y brindar nuevos enfoques que mejoren la enseñanza y el aprendizaje.
5. El impacto que tenemos los maestros y maestras en la sociedad es muy grande pues nos encargamos de formar a los individuos que configuran la sociedad hoy y que harán que tengamos una sociedad más igualitaria, consciente y formada en el futuro.

Ahora te pedimos que indiques del 1 al 10 cuáles de los siguientes temas te parecen más importantes para formarse como maestro/profesor o maestra/profesora:

1. Emociones.
2. A dónde voy y para qué (cómo planificar)
3. Cómo aplazar la recompensa o demorar la gratificación.
4. Meditación y relajación.
5. Gestión de los conflictos.
6. Gestión del aula.
7. Relaciones interpersonales.

Para terminar, te pedimos que nos escribas tres temas diferentes sobre los que te gustaría formarte. Muchas gracias.

8. _____
9. _____
10. _____

5

Actúa con tu equipo educativo: la unión hace la fuerza

> «Incluso los débiles se convierten en fuertes cuando están unidos».
> *Friedrich Von Shiller*

QUÉ HACER

Una medida educativa es más eficaz si es colegiada, es decir, se cogen más peces con una flota pesquera que con una caña.

Y a veces vamos como Rambo pensando que lo que hacemos, aparte de ser lo mejor de todo el centro, es la vacuna perfecta contra la *disrupción en las aulas* (ime ha quedado como el título de una «peli» de terror!).

a) Mejorar **las relaciones** entre el equipo educativo.

No hace falta pensar mucho para darnos cuenta de que en nuestros equipos educativos a veces hay más variedad que en clase: profesorado con diferente estilo docente, con formas distintas de «educar», más jóvenes y más ancianos, noveles y expertos, con distinta incidencia en el alumnado (por sus horas de clase, entre otras), con distinta forma de entender la vida y, en definitiva, cada uno de su padre y de su madre.

¿Cómo vamos a poder ponernos de acuerdo esta «ensalada» de personas y formas de entender el mundo?

Lo primero y principal es crear un ambiente *respetuoso, inclusivo y agradable*. Son tres ingredientes cruciales para llegar al entendimiento y, además, nos van a permitir saber con antelación si podemos tener esperanza (o no) en que las medidas que logremos consensuar sean o no eficaces. Para ello, improvisar o actuar de forma individual no va a favorecer que se tomen medidas eficaces, pero hay algunas cosas que nos dice el sentido común que nos pueden ayudar:

- Para lograr llegar a acuerdos estupendos hemos de ir *conociendo* a las personas que forman parte de este equipo educativo cada vez que tengamos oportunidad: en cada encuentro entre clase y clase, en las horas de guardia, tal vez en la cafetería del centro, en los momentos de convivencia que se propicien en el centro educativo . . . , en fin, en cada ocasión que se tercie; la idea es que cuando nos reunamos con el equipo educativo sepamos más o menos con qué compañeros y compañeras nos vamos a reunir, es decir, sus nombres, qué especialidad imparten, qué idea trasmiten *a priori* de la educación o su primera impresión de la vida.

Poco a poco podremos conocer y valorar las diferencias individuales de las personas que hemos de atender a un grupo de alumnos y alumnas y aprender de ellas, de lo bueno y de lo menos bueno.

- Otra forma eficaz de propiciar un ambiente oportuno para tomar decisiones es favorecer el *compartir experiencias y perspectivas de trabajo*, para lo cual hay que intentar no tener excesiva prisa en cada reunión, aunque sí marcar unos límites razonables: ni reunirse en un recreo (no da tiempo a «na») ni estar tres horas de una tarde (¡menudo atracón!). Lo más inteligente parecen sesiones de hora u hora y media espaciadas cada tres o cuatro semanas.
- Es también fundamental que todo el equipo tenga *acceso a la información del día a día* de lo que sucede en el grupo-clase de manera eficaz. Y aquí, más que un grupo de WhatsApp es reco-

mendable un grupo de difusión para indicar que se ha enviado una comunicación por el correo corporativo o por la vía consensuada para que estemos alerta y podamos leer con tranquilidad cada uno en su momento oportuno.

La información no se puede enviar media hora antes de una reunión (¡ni en la misma reunión por supuesto!) ni tampoco un mes antes (estaría desfasada), sino que ha de ser en cierto modo «fresca». Si hay algo urgente habrá que comunicarlo lo más rápido posible tanto a jefatura como al equipo educativo e indicarlo en ese mensaje del grupo de difusión para que se sepa bien a qué atenernos. Es verdad que esto parece de Perogrullo, pero no siempre lo más evidente coincide con la realidad.

- *Involucrar* a todo el equipo educativo *en las decisiones* que se tomen es una forma magnífica de lograr un alto índice de aplicabilidad de la o las medidas que se decidan tomar. Para ello es fundamental que todo el mundo tenga claras las medidas a tomar y la forma de hacerlo. Aunque no queramos nos vamos a enterar de quién «cumple» y quién no, puesto que el alumnado se va a encargar de decírnoslo. Por tanto, es más eficiente que las decisiones sean consensuadas en unos mínimos y lo suficientemente flexibles para que se pueda aumentar su aplicabilidad.
- Si es posible tener un *pequeño orden del día* sencillo para que quien quiera le eche un vistazo y pueda preparar algo (seguramente todo el mundo lo hará más o menos mentalmente) sería ideal. Ya sabemos que tenemos muchos frentes abiertos y que es complicado, pero una idea de lo que se va a tratar da tiempo a mentalizarse y a profundizar en las cosas a tratar.

Pero todo esto no es más que para facilitar la tarea que, no olvidemos, es afrontar las diversas dificultades que se presenten en tu aula de una manera que sea una verdadera solución (ya sabemos lo que significa: JUSTA + EFICAZ).

b) Estudia a tu **grupo-clase**.

Antes de empezar a poner «remedio» a lo que pasa en nuestro grupo-clase, hay que darse un baño de realidad sobre lo que tenemos en clase y sobre las carencias que queremos mejorar. Para ello recomiendo dos formas diferentes de tener claro qué pasa en el aula:

- Un **sociograma** o test sociométrico de la clase (aunque es posible que esto no se pueda hacer hasta pasado el primer trimestre a menos que el grupo-clase venga de estar juntos el curso anterior). Analizar el sociograma en profundidad nos va a dar pistas muy interesantes de lo que se «cuece» en clase y nos va a permitir movilizarnos contando con la posibilidad de que algunos alumnos o alumnas puedan servir de cierta ayuda para otros compañeros o compañeras. Más adelante os cuento cómo hacer una versión sencilla de este test por si no podéis contar con la ayuda del Dpto. de Orientación (ya que suele tener bastante tarea).
- Lo segundo que podemos hacer es poner en común algunas cuestiones sencillas que, a ser posible, vengan preparadas de casa[10]:
  - *Las tres principales dificultades* que vemos en clase. Nos referimos, por ejemplo, a cuestiones como falta de puntualidad, falta de respeto hacia algún compañero o compañera en particular, ignorancia de alguna norma de clase, etc. Si es posible, hemos de encajarlas entre las tres vertientes sobre las que descansan los conflictos escolares, las cuáles son:
    - Problemas de comunicación, entendiendo la comunicación entre el propio alumnado o entre el profesorado y el alumnado. Recordemos que, a partir de los 8 años, la agresividad tanto física como verbal disminuye a medida que se descubren y practican distintas formas de comunicarse. ¿Será esto clave en nuestro alumnado?

---

[10] Mi alumnado siempre dice que mando «deberes», que no se me olvida casi nunca... y ¡es verdad!

- Relaciones interpersonales conflictivas que, además de lo anterior, tienen diferentes grados de incidencia y es importante sacarlas a flote.
- Mala gestión socioemocional que a veces viene aprendida de casa y que es más difícil de afrontar, ya que a veces ni nosotros mismos la gestionamos de forma saludable.

- *Alumnado sobre el que habría que hacer un trabajo concreto* y cuál sería en nuestra opinión, para no ir a la reunión sin ninguna idea previa de posible solución de la dificultad que vemos. Seguramente algunas personas se fijarán en algunos alumnos o alumnas más que en otros, pero hemos de procurar analizar todos los casos porque algunos tendrán solución más fácil que otros y no por ello los debemos apartar. Además, ir con una posible solución pensada ayuda a que no pasemos todos los casos a orientación o a tutoría y a fomentar la corresponsabilidad y la responsabilidad intrínseca.
- *Tres cosas que es imposible cambiar.* Y sí, esto es un «baño de realidad» que necesitamos. Hay cosas como la ley de educación, el horario de las clases, la familia de tal o cual alumno o alumna que no se pueden variar y no hemos de perder el tiempo en ello. A veces nos hemos metido en discusiones totalmente estériles sobre cuestiones que no son posibles cambiar en un curso (aunque algunas otras tal vez se pueden pensar en plazos más amplios, puesto que ya sabemos que un cambio significativo y profundo siempre nace desde las bases) y enumerar algunas de ellas nos puede salvar de enredarnos en ellas.

Una vez que tengamos estas cosas más o menos preparadas, es decir, nuestro sociograma y nuestra pequeña reflexión personal, lo podremos poner en común para tomar medidas concretas y colegiadas.

Las soluciones a nuestras dificultades o los caminos que queramos recorrer para llevar a buen puerto los objetivos que nos marquemos a tenor de lo que hemos analizado, las podemos evaluar después de hacer una lluvia de ideas de soluciones (¡pensamiento alternativo al poder!) y de evaluar cada una de ellas para combinarlas, anularlas, sopesarlas y ponerlas en práctica buscando siempre el criterio de justa + eficaz.

c) Crear **grupos cohesionados**.

Si en un grupo-clase conseguimos que ellos mismos se autorregulen emocionalmente y puedan así gestionar sus propios conflictos de forma adecuada, tendríamos la mitad del trabajo hecho, puesto que el mismo alumnado podría rebajar los niveles de tensión de su clase, tal vez hacer reflexionar o increpar a algún compañero o compañera que se «pase de la raya» y valorar los momentos de reflexión como grupo, es decir, no una niña o un niño que protesta o que «regaña» a un compañero, sino una clase entera que interviene para apagar fuegos o rebajar momentos de tensión.

Y esto se puede dar si el grupo está cohesionado. Para ello hay muchas actividades de provención[11], de las que te dejo en la segunda parte algunas que he seleccionado, que han de realizarse de forma escalonada para ir profundizando en el autoconocimiento del alumnado y para ir creando lazos progresivamente de forma que el grupo-clase sea un solo ente autogestionado.

Una idea a llevar a cabo es acordar con un equipo educativo al que pertenezcáis un plan de trabajo al inicio de curso en el que se puedan implementar estas actividades antes de comenzar con las clases propiamente dichas.

---

[11] La *provención* no es una palabra que se encuentre en la RAE. Fue creada por John Burton (1990), investigador y mediador de conflictos internacionales y se define como «lo que podemos hacer para prepararnos para afrontar un conflicto, antes de desencadenarse una crisis que nos desborde», es decir, actividades de prevención de conflictos que nos provean de las herramientas necesarias que faciliten la cohesión de grupo.

Una manera de hacerlo sería:

- Plantear la duración de la estrategia. Una semana podría ser una forma de empezar con actividades de choque y luego ir reforzando cada semana con alguna actividad concreta.
- Diversificar las tareas. Todo el profesorado puede no tener todas las habilidades del mundo, con lo que hemos de intentar reforzar cada uno y cada una con aquello que se le da mejor. Esta es una de las razones por la que no podemos dejar esta tarea solo al tutor o tutora, sino que hemos todos de intentar colaborar con lo que podamos ¿Qué se podría hacer? Os dejo una lista de ideas que se podrían repartir e incluso preparar a lo largo de un curso en vistas al siguiente. Los temas podrían ser:
  - Hacer dinámicas de provención.
  - Trabajar las emociones.
  - Enseñar técnicas de estudio.
  - Gestionar la toma de decisiones.
  - Ocuparse de la diversidad social, de género, de pensamiento e integrarla con normalidad.
  - Trabajar las normas de convivencia.
  - Trabajar la resistencia a la presión del grupo.
  - Descubrir las preferencias personales.
  - Trabajar la resolución de conflictos.
- Preparar los materiales. Los maestros y maestras somos una fábrica de ideas que a veces no repetimos de un curso a otro porque no hemos tenido el cuidado suficiente de tenerlas escritas y guardadas «por si». La recomendación que os hago es que, para que el trabajo se pueda evaluar cada vez que se utiliza y reformar si es necesario, las conservéis al menos digitalmente y así la preparación de materiales será una tarea eficaz. Hay muchas plataformas, además, donde se pueden almacenar sin coste.

En la preparación de materiales es importante nutrirse de actividades (que las hay a miles) sobre todo de los expertos y, por supuesto, no copiarlas y pegarlas (aunque también) sino leerlas y adaptarlas a la realidad de nuestro grupo-clase. Esto es fundamental si queremos que sean significativas y eficaces.

d) Todos a una como en Fuenteovejuna.

No vamos a proponernos acabar con un malvado comendador, como pasó en Fuenteovejuna[12], sino que nos referimos a *colaborar haciendo una misma cosa de forma eficaz*. De eso se trata, de consensuar las medidas que decidamos en los equipos educativos, medidas «adaptadas» a nuestro curso y que buscarán tanto el bien de todos y cada uno de los alumnos y alumnas como el nuestro, el de los maestros y maestras que nos ocupamos de su educación, de su formación y un poco también de su felicidad.

Es interesante saber que las decisiones, cuando son consensuadas, generan un sentimiento de compromiso que ayuda a que se realicen de forma más eficiente, fomentan la participación y estimulan el proceso de la toma de decisiones.

Consensuar una medida **no es hacer lo que diga la mayoría** (eso sería desvirtuar completamente su significado y tener una visión reduccionista de lo que representa) sino que lleva consigo identificar las inquietudes y el objetivo que se persigue, buscar diferentes alternativas, argumentarlas, discutirlas y por fin confirmar la que se piensa que es más idónea. Por supuesto que este proceso necesita tiempo y a veces planificación, por lo que es importante que se explique a todo el equipo lo que buscamos y cómo para que lo puedan preparar.

Si hemos cuidado las relaciones, como hablábamos en el apartado a) de este capítulo, será más sencillo llegar a acuerdos útiles y de calado en el grupo-clase y seguramente llegaremos más fácilmente a cumplir los principios que hacen que las decisiones que tomemos sean realmente consensuadas:

- Inclusión de todas las personas implicadas en la decisión. Es importante que todas las personas sientan que con la decisión que se toma no se les está excluyendo (a menos que así lo pidan

---

[12] Según la obra de Lope de Vega del siglo XVII.

explícitamente), puesto que, de otro modo, el objetivo no sería común y su resultado no sería tan bueno como podría ser.

- Participación de quienes lo deseen. A veces puede ocurrir que alguna persona no tenga claro qué hacer o no sepa bien cómo se podría solucionar algún tema planteado, pero los que sí puedan aportar soluciones y las puedan argumentar, tienen que tener la oportunidad de hacerlo sin presiones de tiempo o con el respeto suficiente, aunque no estemos de acuerdo.
- Cooperar para lograr la mejor solución que satisfaga a todas las personas que componen el equipo, no solo a la mayoría. Lo mejor es enemigo de lo bueno y, en este caso, habrá que escuchar todas las inquietudes y sugerencias que se puedan hacer para garantizar que todas las personas cooperan.
- Es deseable que quienes forman el equipo educativo tengan el mismo peso en las decisiones, aunque sabemos que algunas de ellas por sus cualidades personales, tal vez por su cargo o por su trayectoria profesional pueden decantar la solución hacia un lado u otro. Esto no es un problema si todas las personas están satisfechas con lo que se acuerda. También podría suceder lo opuesto, es decir, que alguna o algunas personas por su carácter o por otras circunstancias no sean capaces de poner sobre la mesa sus inquietudes. En tal caso sería oportuno, tal vez por cuestiones de equidad, favorecer que se pudiesen expresar en libertad y hacer un esfuerzo por valorar sus puntos de vista. A veces una persona que *a priori* nos puede parecer poco idónea nos da la clave para la solución de nuestros problemas. Tengamos una mentalidad abierta.

Negociar una solución que satisfaga a todas las personas es a veces un camino de obligado paso. Buscar el equilibrio en las decisiones algunas veces no es sencillo, pero con tiempo puede ser posible. Lo más deseado es *que todas las personas puedan ceder de alguna forma para que el consenso no sea de mínimos* (¡ni que fuéramos políticos!), pero a veces no es posible ir más allá. Si con una sesión no es suficiente, se puede aplazar la decisión para la siguiente con tal de que se logre un acuerdo aún mayor modificando la o las propuestas que haya o tal vez algún aspecto del objetivo que nos planteamos. Para ello habría que identificar lo que hace que no se llegue a un consenso amplio y qué preocupaciones subyacen a estas dificultades.

Todos estos caminos son maneras que pueden facilitar la confluencia de caminos y favorecer el trabajo colegiado, que siempre es mejor que ir solo o sola. En caso de no tener apoyos, es mejor buscarlos que lanzarse en solitario. Lo bueno se hace esperar.

CÓMO HACERLO

Este apartado es muy importante y os traigo cosas realmente prácticas.

Test sociométrico de andar por casa.

Un test sociométrico es un procedimiento que analiza las relaciones entre las personas que se conocen entre sí (por ejemplo, en un grupo-clase) de un grupo determinado permitiendo una interpretación gráfica sencilla y que suelen hacer los orientadores de los centros educativos.

Su interpretación permite tener una visión global de cómo se estructura un grupo y el «lugar» que ocupa cada individuo del mismo, permitiendo conocer por ejemplo, si hay otros subgrupos en el grupo principal, qué características los describen, si hay algún motivo aparente (sexo, religión, cultura) que haga que se discrimine a alguna persona concreta y que permite, de este modo, buscar formas más adecuadas que mejoren las relaciones en el grupo y, por ende, el ambiente entre las personas que lo configuran.

Para su interpretación hay que tener una preparación, como hemos dicho antes, y sus conclusiones nos indican lo que puede suceder, pero no son del todo concluyentes.

Aun así, estimo que son muy útiles y nos brindan información que, de otra forma, no conoceríamos como los líderes en la sombra.

Lo que ofrezco en estas líneas no es propiamente un test, pero nos puede facilitar por dónde van los tiros mientras tengamos los resultados propiamente dichos.

Para ello os presento diversas cuestiones de diversos temas (académico, personal y de ocio) donde el alumnado puede elegir o rechazar a cualquier compañero/a. Se entrega a cada persona una hoja que tiene que cumplimentar un día en el que estén todas las personas que forman el grupo-clase y podría ser algo similar a esta:

TEST DE RELACIONES PERSONALES

Instrucciones:
- Vamos a hacer una actividad para entender mejor cómo os relacionáis entre vosotros.
- Hay que ser lo más sincero o sincera posible. Puedes responder con libertad.

Preguntas:
- ¿Con quién te gustaría sentarte en clase? (Elige como mucho a tres compañeros, en orden de preferencia).
  Opción 1: _____
  Opción 2: _____
  Opción 3: _____

- ¿A quién elegirías para hacer un trabajo en grupo? (Elige como mucho a tres compañeros, en orden de preferencia).
  Opción 1: _____
  Opción 2: _____
  Opción 3: _____

- ¿A quién invitarías a una fiesta en tu casa? (Elige como mucho a tres compañeros, en orden de preferencia).
  Opción 1: _____
  Opción 2: _____
  Opción 3: _____

- ¿Con quién preferirías no trabajar en un proyecto este curso? (Elige como mucho a dos compañeros).

  Opción 1: _____

  Opción 2: _____

  ¡Muchas gracias por tu sinceridad!

Cuando recojas las hojas, asigna a cada persona un número (para que sea más sencillo de realizar) o si quieres conserva los nombres.

El siguiente paso sería ordenar en una matriz[13] o en un sociograma (más visual) las relaciones que han surgido. Personalmente, prefiero hacer ambas, aunque sea más trabajo, pero parece que cada una me desvela con más facilidad diferentes matices.

Para hacer cualquiera de las dos matrices situamos tanto en las filas (electores) como en las columnas (personas elegidas) los nombres (o números) de los que componen el grupo-clase (preparad un A3 para que todo quede claro) y marcaremos en cada fila (personas electoras) aquellos a quienes ha elegido. Lo podemos hacer con una simple X o si queremos tener más detalle, teniendo en cuenta la preferencia con la que lo escogen, asignamos 3 puntos al primero que eligen, 2 al segundo y 1 al tercero.

ELECTORES	ELEGIDOS				
		Alfredo	Belén	Carmen	Daniel	Emilio
	Alfredo		2	1		
	Belén	2			1	
	Carmen				1	
	Daniel	1	2			
	Emilio	1		2	3	
ELECCIONES		4	4	3	4	0

---

[13] Hay dos tipos de matrices: las de las personas que se eligen y la de las personas que se rechazan. Ambas nos brindan información muy interesante.

RECHAZADOS						
ELECTORES		Alfredo	Belén	Carmen	Daniel	Emilio
	Alfredo				2	
	Belén			1	2	
	Carmen		1			
	Daniel			1		
	Emilio		1			
RECHAZOS		0	2	2	4	5

Figura 3: Ejemplo de matrices de datos.

Nos debe quedar como en la figura 3.

Dado que en nuestro ejemplo hay 5 personas, el promedio de elecciones con sus pesos es de 4+4+3+4 = 11 y 11/5 = 2,2 y de rechazos sería un cálculo análogo 0+2+2+4+5 = 13 y 13/5 = 2,6.

Los roles que se pueden encontrar son básicamente[14]:

1. Líder. Es una persona que la eligen mucho y tiene poco rechazo. Por ejemplo, tenemos a Alfredo.

2. Líder en la sombra: Es una persona que elige y es elegida por un líder y solo con él o ella tiene esa reciprocidad. Es una persona con alta influencia, aunque no llame tanto la atención como el o la líder. Belén podría ser en este caso, ya que tiene más rechazo que Alfredo (no es tan líder), pero su relación con él es recíproca (ambos se eligen).

3. Persona aislada: Pocas o ninguna persona la elige. En nuestro caso es Emilio, que además es muy rechazado. Habría que ver de qué forma se le va integrando en el grupo.

4. Persona promedio: la situación más habitual, con pocas elecciones y pocos rechazos. Carmen estaría en estas condiciones.

---

[14] Nos dejamos algunos más como la persona olvidada, la rechazada, etc. Para saber con exactitud qué rol desempeña cada persona, hemos de tener en cuenta los valores promedios, pero esto es más complejo de explicar y se escapa de lo que se pretende en esta versión de «andar por casa».

5. Persona polémica o conflictiva: Muchos lo eligen y muchos lo rechazan. Suelen ser personas influyentes y con cierto prestigio. Daniel es una de esas personas.

Además de estos roles se observan otras relaciones interesantes como parejas (se eligen mutuamente), triángulos (son tres que se relacionan y son muy influyentes si uno de ellos es líder), cadena (elección concatenada de personas) o una persona estrella (que es elegida por muchas personas lo cual lo convierte en alguien influyente que suele asumir tareas complejas).

Después podemos construir un sociograma, es decir, un pequeño gráfico donde se plasme la información de las matrices de cada una de las preguntas. Para ello utilizamos algunos símbolos, como, por ejemplo, a las personas masculinas les ponemos un triángulo, a las femeninas un cuadrado y a las que tengan otro rol de género un círculo. También se pueden colorear las flechas de elección en azul y de rechazo en rojo, así como indicar el peso en las mismas (es decir, el valor que le han dado a esa relación).

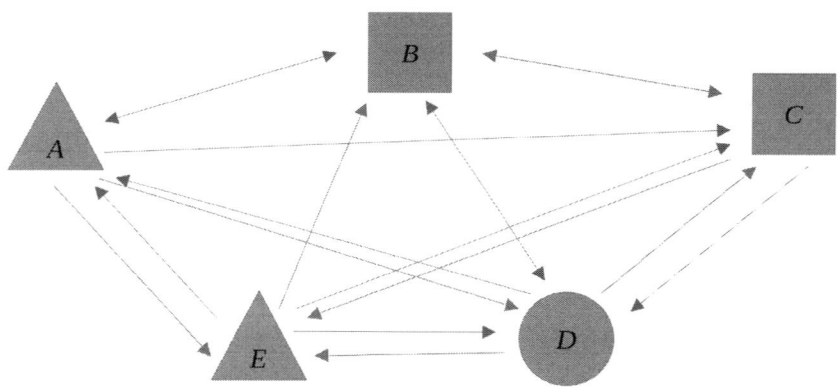

Figura 4: Ejemplo de sociograma.

En nuestro caso, podría ser algo así (no añado los pesos para no complicar el gráfico), como muestra la figura 4. Como se puede observar, algunas veces una persona elige a otra, pero esta la rechaza (como ocurre entre Carmen y Emilio).

Una cosa útil para lo que sirve, así de pronto, es para hacer los grupos de trabajo. A veces utilizamos criterios relacionados con las notas y agrupamos a personas que no sabíamos que no se elegirían y luego observamos que no trabajan bien y nos preguntamos por qué será. Y es porque no hemos tenido en cuenta sus preferencias. Sería como poner a Belén y a Carmen juntas a hacer un trabajo cuando ambas se rechazarían una a la otra y puede que aparentemente no lo observemos en clase porque se sientan lejos una de la otra o porque tienen ciertos grupos de amigos diferentes y no hemos visto ningún indicio de que se pudieran llevar mal.

Si tenéis la ocasión de hacerlo os invito a que le echéis un ojo a los resultados porque siempre podemos extraer información interesante para compartir con nuestro equipo educativo que serán, junto con nosotros, los que intentarán corregir las deficiencias que se observan.

El equipo educativo: un equipo que educa.

Una manera estupenda de tomar decisiones entre todas las personas que formamos un equipo educativo es precisamente eso: ser un *equipo* que se coordine para *educar* que, nos guste más o menos, es una de las tareas principales que tenemos en nuestros centros.

En los horarios no existe la posibilidad de reunirse semanalmente para coordinarnos, compartir experiencias y opiniones y afrontar todos a una las cuestiones que a diario surgen en un grupo-clase. Y es normal, puesto que habría profesores y profesoras que tendrían que tener 6, 7 u 8 horas dedicadas nada más que a coordinarnos y no sería posible. Es verdad que se pueden hacer reuniones por las tardes de equipo educativo cada vez que haga falta, pero las que se convocan son insuficientes y han de combinarse con las tutorías, las reuniones de departamento, las evaluaciones, etc., con lo que estructuralmente no es posible coordinarse todo lo que sería oportuno. Para tratar de solventarlo, se utilizan grupos de WhatsApp, correos electrónicos y plataformas oficiales de comunicación de cada autonomía, pero esto no hace sino multiplicarnos las tareas y diversificarnos la atención.

Es claro que necesitamos unificar criterios, tomar decisiones entre todos y todas y apoyarnos mutuamente, pero ¿cómo?

Juan Vaello Orts[15] nos propone algunas posibilidades para hacer de forma sistemática:

1. Mini-EE (mini equipos educativos). Son acuerdos entre algunos y algunas profesoras del equipo educativo con dificultades similares que están dispuestos a tomar medidas similares. Por ejemplo, pueden sentar a los niños y niñas de la misma forma en sus clases o aplicar alguna medida concreta con algunas personas de algún grupo-clase para que sea más efectiva. Para que sea operativo se debe comunicar el acuerdo al resto del equipo educativo y realizar un seguimiento del mismo, dando cuenta de los resultados en las reuniones que se puedan tener.

2. Persona de apoyo. A veces se puede empoderar a un compañero o compañera (del equipo educativo o no necesariamente) gracias a una persona que tenga capacidad de control moral o por su cargo (un directivo por ejemplo) y tenga recursos para ofrecer como ciertas *pautas* que pueden funcionar a esa otra persona según el caso, pueda establecer *alianzas* con el profesor o profesora en presencia del grupo-clase como pautas de comportamiento con un seguimiento y evaluación de ambas personas o una *intervención directa* en clase buscando un cambio de actitud del alumnado con ese o esa profesora.

3. Diario de EE. Es una forma de llevar un cierto registro de lo que va sucediendo para que todas las personas del equipo educativo tengan acceso. Hoy día se puede hacer fácilmente con un documento compartido en la nube, aunque si se prefiere se puede tener un registro físico en, por ejemplo, la sala de profesores o en jefatura de estudios. El tutor o tutora se servirá de esta información para dar contenido a las reuniones que se tengan al

---

[15] *Cómo dar clase a los que no quieren*, de Juan Vaello Orts, Ed. Santillana 2007.

respecto pudiendo proponer diferentes soluciones según el caso, el incidente, la reincidencia o no, etc.

Actividades de provención.

La provención nos permite promover la cohesión de grupos mediante juegos sencillos que, además de que lo pasemos bien, nos van proporcionando cierta información de las demás personas y promueven lazos entre los participantes, pero muy poco a poco.

Estas actividades sencillas son ideales para llevar a cabo a principio del curso y sirven para todas las edades (siempre se pueden adaptar). Las que os presento aquí las podéis encontrar en muchos manuales y libros, como los de Manuel Caño e Isabel Moncosí, que bebieron del magnífico Paco Cascón (que creo que ha formado a muchos de los que ahora pasamos algunos ratos formando a otras personas), y estoy seguro que podéis localizar fácilmente en Internet o en la bibliografía que os dejo.

- Dinámicas de presentación
  - Telaraña de nombres
    Descripción: Cada alumno o alumna dice su nombre y lanza una pelota de lana a otra persona diciendo su nombre, mientras sujeta un extremo de la lana. Si aún no lo sabe, se lo pregunta antes de lanzarlo. La dinámica continúa hasta que todos hayan participado. Al final, se crea una telaraña con los nombres de todos, mostrando las conexiones del grupo.
  - El mapa personal
    Descripción: Los alumnos dibujan en una hoja un «mapa» con símbolos que representen aspectos importantes de su vida (familia, pasatiempos, sueños, etc.). Luego, comparten su mapa con el grupo para presentarse. Pueden explicar lo que quieran y los demás no pueden preguntar (a menos que sea para aclarar).

- Dinámicas de afirmación
  - Cadena de apreciaciones

    Descripción: El grupo-clase forma un círculo. Comienza el maestro o maestra. Cada persona debe decir algo positivo sobre la persona a su derecha. Esto continúa hasta que todos hayan recibido una valoración positiva.

  - El espejo

    Descripción: En parejas, uno hace movimientos lentos mientras el otro lo imita como si fuera un espejo. Después, se alternan los roles. Al final, comparten cómo se sintieron al ser reflejados y al reflejar a la otra persona.

- Dinámicas de conocimiento
  - Sherlock Holmes

    Descripción: Los participantes se ponen de pie y cada uno/a se convierte en un investigador como Sherlock Holmes tras la pista de algo que le ayude a conocer mejor a alguien del grupo. Por ejemplo: voy tras la pista de buenos/as cantantes, dibujantes, etc. Cada detective se acerca a alguien y le hace hasta 4 preguntas indirectas (por ejemplo: veo que te gusta la música ¿verdad?). Si tras la respuesta se cree estar en lo cierto se le dice: «eres un buen cantante» o lo que corresponda. El otro/a afirma o niega. Entonces el detective tendrá que explicar por qué ha llegado a esa conclusión. Se puede continuar tras otras pistas.

  - Los tres datos

    Descripción: Cada participante escribe tres datos sobre sí mismo en una hoja (dos verdaderos y uno falso). El resto del grupo tiene que adivinar cuál es el falso. Para ello cada persona lee sus datos y el grupo discute. Al final llegan a una conclusión y se decantan por un dato falso. La persona lo corrobora o lo niega. Así con todos.

- Dinámicas de confianza
  - El árbol humano

    Descripción: Un participante se coloca en el centro de un círculo formado por 8 o 9 personas. Cierra los ojos y se deja caer suavemente en cualquier dirección, confiando en que el grupo lo sostendrá y lo devolverá al centro. Después van cambiando los demás al centro.

  - Guía de elefantes.

    Descripción:

    - CONSIGNAS:

      Se escoge un guía para la manada de elefantes que estará en silencio. Todos/as salvo este/a se tapan los ojos y se dan la mano, formando una gran cadena. El guía hará un sonido con algún objeto o instrumento acordado previamente con el grupo.

    - REGLAS DEL JUEGO

      El guía llevará a la manada hasta la meta señalada, por un recorrido preparado previamente por el/la profesor/a y que solo le dará a conocer a él/ella. La manada entera deberá llegar a la meta. Será llevada por diferentes obstáculos. De tiempo en tiempo, alguien de fuera intentará romper la cadena (el grupo debe tener capacidad para poder continuar el juego y no soltarse). Con personas de más edad el/la profesor/a puede intentar confundir a la manada imitando las señales del guía.

- Dinámicas de cooperación
  - El nudo humano

    Descripción: El alumnado excepto una persona se coloca en círculo y extiende sus manos hacia el centro, tomando la mano de otra persona al azar. El objetivo es que esa persona que queda fuera pueda deshacer el nudo sin soltar las manos de los demás.

- Construcción de la torre

  Descripción: Divididos en equipos, los participantes reciben materiales (cartón, papel, cinta adhesiva, etc.) para construir la torre más alta en un tiempo limitado.

- Dinámicas de aprecio
  - El amigo secreto positivo

    Descripción: Cada persona recibe el nombre de un compañero o compañera de forma secreta. Durante una semana, debe hacer pequeños gestos de amabilidad o escribir notas positivas para esa persona, sin revelar su identidad. Después de esa semana se revelan los amigos secretos y se puede hablar sobre lo que cada alumno/a ha sentido esta semana.

  - El rincón de los elogios

    Descripción: Se habilita un espacio donde los participantes pueden dejar notas positivas o mensajes de agradecimiento a sus compañeros. Pueden ser unos sobres pegados en un lugar de la clase. Al final de la semana, se comparten y si alguien quiere, los lee en voz alta. No es obligatorio.

- Dinámicas de comunicación
  - El teléfono (un clásico)

    Descripción: Los participantes se sientan en círculo y el primero le susurra una frase al oído al siguiente. El mensaje se transmite en secreto de uno a otro hasta que llega al final, donde se dice en voz alta, revelando cómo se distorsionó. Se puede aprovechar para, después de haber jugado varias veces, hablar sobre el rumor y los malentendidos.

  - La historia cooperativa

    Descripción: El grupo se sienta en círculo. El maestro/a comienza una historia con una frase en voz alta, y cada participante añade una frase nueva, continuando la historia. El objetivo es construir una historia coherente entre todos.

Es genial que después de estas actividades podáis comentar qué habéis sentido o qué habéis pensado pues esto ayuda mucho a darles profundidad y significado; así, otro día que queráis hacer alguna actividad, encontraréis a vuestro alumnado dispuesto

6

Actúa contigo mismo: sé tú el agente del cambio que buscas

«Todo lo que somos es el resultado de lo que hemos pensado, se fundamenta en nuestros pensamientos y está construido sobre nuestros pensamientos».
Buda Gautama (Dhammapda)

QUÉ HACER

Por muchos es conocido «el famoso paseo de Francis Galton», primo de Darwin y científico destacado del siglo XIX y principios del XX. En una agradable mañana londinense se imaginó durante unos cuantos minutos que era la persona más odiada de Londres. Dejó que ese pensamiento le inundara a fuerza de repetírselo con energía y convencimiento y con esa actitud inició su caminata matutina.

Enseguida los transeúntes con quienes se cruzaba empezaron a mirarlo mal, a insultarlo e incluso algunos de ellos chocaban con él. Hasta un caballo le pateó y cayó al suelo. Las personas que lo vieron en lugar de ayudarle, adoptaron la actitud del caballo, con lo que Galton tuvo que huir y refugiarse en su apartamento.

Esta historia real, que se puede encontrar en algunos libros de psicología ingleses y americanos, nos lleva a un par de conclusiones que, seguramente, algunos hemos vivido:

a. La persona es, en buena medida, lo que piensa que es, lo que cree de ella misma. Aquí la implicación emocional es muy importante, pues es la que da validez a ese pensamiento. Esto significa que nuestro comportamiento se puede cambiar si está precedido de un cambio de pensamiento en el que hay un componente emocional.

Tengo una buena noticia: ¡Podemos hacer **este mismo experimento en positivo!** Así, de paso, nos ahorrarnos el mal rato que tuvo Galton. Para ello concentrémonos antes de entrar en la escuela durante 3 o 4 minutos pensando lo queridos que somos por todos. Nos lo repetiremos mentalmente y pondremos en juego nuestras emociones buscando desde el interior que afloren sentimientos de alegría y agradecimiento. Con una sonrisa puesta en la cara, entraremos en nuestro trabajo procurando saludar a todo el mundo con un simple «¡Buenos días!». Seguramente observaremos no solo que nos devuelven la sonrisa, sino que se crea a nuestro alrededor un «buen ambiente» que nos va a favorecer en la medida en que sigamos alimentando este pensamiento. Habremos llevado a cabo el experimento de nuestro paseo especial.

b. La otra conclusión del paseo de Galton es que *somos capaces de comunicar más allá de las palabras* de manera que los demás son capaces de percibir, de «sentir» nuestra actitud interior. Nuestra voz, nuestro cuerpo, los microgestos de nuestra cara nos delatan y son percibidos por las personas que encontramos a nuestro paso; también por nuestro alumnado.

Y es que en ocasiones venimos al centro con una «cara de póker» que no la podemos evitar. Me ha ocurrido alguna vez que, al entrar en una clase, alguno de mis alumnos o alumnas me dicen: «Maestro, ¿estás bien?», y es que se nota a leguas.

A tenor de este sencillo experimento, podemos concluir que, si cambiamos nuestros pensamientos, cambiaremos nuestra vida.

Y lo que surge enseguida es: «¿Por qué tenemos que cambiar nosotros? ¡Que cambie nuestro alumnado!». Pues hay un motivo puramente egoísta pero muy práctico: porque todo cambio hacia la felicidad, hacia lo positivo, hacia un estilo más democrático-directivo repercutirá también en nuestro alumnado en que serán más felices, vivirán nuestras clases de forma más positiva y su manera de aprender también mejorará.

Una actitud positiva frente al alumnado se convertirá en una fuente de donde mane buen entendimiento, «flow» y una actitud también positiva del alumnado hacia el maestro o maestra.

Si nuestra percepción y nuestros pensamientos sobre nuestro alumnado son de personas ignorantes, maleducadas, mal preparadas, poco motivadas y que están pasando el tiempo en clase y nada más, ellos nos verán como un profesor lejano al que no le gusta estar con ellos y, por ende, nos rechazarán.

Elegir tener otra manera de enfocar las cosas nos va a llevar a la clave de este capítulo: ser los agentes de un cambio positivo en nosotros puede ser también el agente de un cambio positivo de nuestro alumnado.

Déjenme contarles un experimento que se realizó en 1968. En una escuela de primaria se le informó a un grupo de maestros y maestras de los resultados obtenidos por sus alumnos en un test de altas capacidades intelectuales, entre los que se encontraban algunos con unos resultados mejores que los demás. Se les advirtió a esos profesores que seguramente esos chicos y chicas serían los que mejores resultados obtendrían a lo largo del curso. Y así fue. Ese alumnado obtuvo al final del curso los mejores resultados de la clase.

¿Dónde está el truco? Pues que no se había realizado ningún test y que ese alumnado había sido seleccionado al azar, sin tener en cuenta para ello sus talentos a nivel intelectual.

Pero, se preguntarán ustedes, ¿cómo es posible que alumnado corriente tuviera las mejores calificaciones? Pues según Rosenthal y Jacobson[16], los autores de tal experimento, el profesorado creó una expectativa tan alta referida a ese alumnado que actuaron de forma que se favoreció su cumplimiento.

---

[16] *El efecto pigmalión* de R. Rosenthal y L. Jacobson. Ed. Marova.

Los experimentos de este tipo que se han llevado a cabo a lo largo de la historia de la psicología y todos con resultados similares se conocen como el «efecto Pigmalión» o de la profecía autocumplida, como el que se realizó en un campamento de verano en el que se enseñaba a nadar a chicos y chicas de 14 años. A la mitad del profesorado se le dijo que en su grupo de alumnos se encontraban los más capacitados y al final de las dos semanas que duraba el cursillo realmente fueron los que nadaban mejor.

Y es que la predisposición que se tiene para tratar a una persona de una forma concreta viene condicionada según la información que te ha llegado de ella. Por eso es tan importante ir con la mente «limpia» a las evaluaciones y buscar siempre el lado positivo del alumnado, pues de otro modo se nos «contaminan» los pensamientos sobre «fulanito» o «menganita», y puede ser, también, que sean los peores del centro porque otros nos han influido en ese sentido y nosotros nos hemos dejado influir.

Las expectativas que transmitamos a nuestro alumnado influyen totalmente en su manera de comportarse con nosotros: si son buenas y las hacemos con cariño nuestra clase será un lugar donde nos gustará estar y en el que disfrutaremos dando clase, pero si no son halagüeñas, esa hora de clase será un infierno y con solo saber que nos va a tocar tal o cual clase, empezaremos a somatizarlo todo y puede que hasta nos encontremos mal físicamente.

¿Cómo podríamos entonces utilizar el efecto Pigmalión a nuestro favor?

En primer lugar, hemos de detectar quiénes de nuestro alumnado tienen problemas de motivación y autoestima. Una vez detectados, podemos acercarnos a ellos con empatía y lograr poco a poco su confianza. Después les explicaremos cuál es la finalidad de querer ayudarlos (para que saquen buenas notas, para que se encuentren mejor en clase, para que superen sus expectativas en tal o cual asignatura) y les ofreceremos ejemplos de personas que han logrado superarse. A partir de ese momento les transmitimos que creemos en ese hecho del que queremos ayudarles para que ellos también lo crean y creen la expectativa de que se va a cumplir. A partir de entonces hemos de acompañarlos con mensajes que animen este hecho para que se haga realidad.

De este modo, el alumno o alumna adquirirá confianza en sí mismo y en el maestro, adquirirá la voluntad de llevarlo a cabo y conforme va acercándose de forma palpable a su objetivo, retroalimentará este efecto y cada vez mejorará más.

Es un placer ver cómo el alumnado va progresando poco a poco mientras mantenemos una pequeña tensión al transmitirle nuestra confianza en que lo puede conseguir.

Hay algunas ocasiones en las que se puede favorecer la transmisión de expectativas positivas:

- Generando un clima socioemocional más agradable procurando favorecer la comunicación informal, sonriendo con frecuencia al alumnado, mirándole a los ojos, etc.
- Ofreciendo un *feedback* positivo sobre cualquier pequeño resultado logrado y centrándose menos en los errores cometidos.
- Cuando el alumno o alumna solicita algún tipo de ayuda o consejo del maestro es también una buena ocasión para poner en práctica el efecto Pigmalión.
- Otro momento oportuno es cuando el alumno o alumna presenta algún trabajo y hay que hacer una evaluación o una retroalimentación.

Todas estos pequeños gestos se traducen en grandes consecuencias. Estoy pensando en Albert Einstein: no sabía leer hasta los siete años de edad ni hablar con cierta fluidez hasta los nueve. Cualquiera diría hoy día que era un niño de «necesidades». La gente pensaba que su vida sería un fracaso. Como estudiante no destacó en nada y su doctorado no fue brillante, ¡qué digo! Dijeron de él incluso que fue «bastante mediocre». Sin embargo, sus trabajos siguen siendo hoy paradigmáticos y muchos científicos buscan unificar sus teorías con las más complejas que existen en la actualidad. ¿Qué le ocurrió a este niño para convertirse en un genio? Os cuento. Una de las cosas que sucedieron es que un profesor de Einstein, Heinrich Weber, se interesó por él, *le prestó atención y lo valoró*. Esto empezó a hacer mella en su vida mediocre y comenzó a despertar. Otra de las cosas que le sucedieron fue casual pero decisiva: para continuar con sus estudios tuvo que salir de casa a los 16 años de edad y vivir con una familia, la familia Winteler, que le hizo sentirse *importante* y sobre todo *querido*. Vivir con esta familia lo estimuló para buscar un conocimiento más profundo y una mayor dignidad personal. La escuela en la que estuvo ese tiempo, la escuela Cantonal en Aarau (Suiza), tenía una metodología diferente a la usual (más bien autoritaria y dirigida), pues permitía a su alumnado pensar con independencia y buscar la mejor manera de servir a la humanidad (servir en términos de utilidad y también de servidumbre). Finalmente, Einstein encontraría en su primera esposa la motivación necesaria para atreverse a ir más allá de la física clásica.

Estos ingredientes, es decir, estas personas, estímulo, reconocimiento, cariño y motivación, fueron claves en lo que Einstein llegó a ser. ¿Por qué no utilizar estos mismos ingredientes en nuestro alumnado?

Crear una imagen positiva de uno mismo en nuestro alumnado puede ser decisivo para que sus vidas cambien y, por ende, mejoren todas las de las personas que hay a su alrededor. Siempre se puede encontrar alguna cosa que reforzar; si no son las notas, su actitud frente al trabajo y si no es cierto, la habilidad que tiene respecto de alguno de sus valores (por cierto, para eso hay que conocer sus valores, como ya dijimos anteriormente).

Además, dado que si aprenden a resolver sus problemas propiciaremos que tengan más confianza en sí mismos, hemos de darle autonomía[17] y confianza en ellos con pequeñas responsabilidades en clase.

---

[17] La autorregulación comienza en las personas alrededor de los 3 años que es cuando los niños y niñas empiezan a oponerse a que se les hagan las cosas y a expresar de alguna forma que quieren hacerlas ellos y ellas mismas. Favorecer esa autonomía significa no hacer lo que ellos puedan hacer.

No olvidemos que las personas que más aprenden se hacen más inteligentes y no que las más inteligentes son las que más aprenden.

Y para aprender más debemos «crear» esa necesidad de aprender: buscar la manera de que sientan que necesitan un saber es la forma de estimular su voluntad para que pongan esfuerzo y de esa forma logren el aprendizaje. Es cierto que hay una «orientación» a la que los empujamos, pero no es un aprendizaje dirigido, sino una dirección hacia el aprendizaje y esta búsqueda de la necesidad los puede capacitar hacia lo interesante y estimulante del aprendizaje que nos llevará al conocimiento, a la mejora de la inteligencia y a tener un alumnado más prometedor para la humanidad y, sobre todo, más feliz porque sienten que pueden. Aquí hay una gran diferencia.

CÓMO HACERLO

Estas actuaciones son complejas porque nos atañen directamente a nosotros mismos, pero pueden ser geniales si las ponemos en práctica.

Personas que pasaron del fracaso al éxito.

Hay muchas personas que a lo largo de su vida han tenido uno o muchos fracasos que a cualquiera habría desanimado pero que, en lugar de actuar, pensar o sentirse como unas «perdedoras», ha continuado hacia adelante buscando y buscando hasta que se han convertido en personas exitosas.

Algunos ejemplos son conocidos como el de Einstein que os conté antes, pero hay otros muy interesantes que nos pueden ayudar como el de Oprah Winfrey, una exitosa y muy conocida reportera estadounidense a la que llegaron a decirle que no valía para estar frente a una pantalla, pero que no desistió. Y esa es la clave.

A Charles Darwin no le fue nada bien en los estudios (me suena algún estudiante así . . .). Incluso abandonó la carrera que había iniciado y cambió (¿a cuánta gente no le ha pasado eso?). El caso es que la vida le llevó a su verdadera vocación: la naturaleza. Y lo demás es historia.

Hay muchos ejemplos motivadores (te invito a buscar la historia de Walt Disney, Van Gogh o Stephen King) que nos pueden motivar a superarnos y dar lo mejor que tenemos o tal vez nos abran la puerta hacia otra cosa (como le pasó a Darwin) en la que podamos llegar a sentirnos totalmente realizados. A mí, personalmente, me motiva mucho Michael Jordan que siempre cuenta todos los fracasos que ha tenido como jugador de baloncesto y no hace falta que cuente los éxitos, porque es patente. Busca tu guía motivadora y tenla presente cuando la cosa se ponga turbia porque recuerda: una mentalidad de crecimiento y la consciencia son las que te pueden guiar a la plenitud de tu vida. Y no tu coche o tu perfume. La fuerza está en ti.

Mejorar la autoestima.

En ocasiones algunos de nuestros alumnos y alumnas piensan que tienen poca valía y nos lo hacen ver de distintas formas: se muestran apocados, con poca confianza, no se atreven a decir lo que piensan, están retraídos o cuando les haces un cumplido reaccionan como si no fuera con ellos o no fuera posible.

Es importante saber qué hacer con ellos y ellas, puesto que una buena autoestima favorece el aprendizaje.

La autoestima varía a lo largo de la vida: es común que en la infancia sea alta, en la adolescencia se reduce debido a los cambios físicos y psicológicos y va mejorando hasta que en la edad adulta se estabiliza teniendo momentos de alta autoestima (por cuestiones que se consideran positivas como terminar una carrera o tener una relación amorosa). Al llegar a la vejez suele bajar, aunque hay personas que la mantienen también en grado medio-alto.

Pero la falta de autoestima puede tener diferentes matices, ya que en ella intervienen distintos factores como las relaciones con otras personas, los éxitos y fracasos de la vida (también la vida escolar) o los procesos de comparación social (sobre todo en la adolescencia).

El psicólogo y académico Chris Mruk desglosa la autoestima en dos ejes: la *competencia* o la percepción que tiene una persona de enfrentar desafíos y metas y el *valor* o la sensación que tiene una persona de respeto y consideración tanto de uno mismo como de los demás. Desde este punto de vista una persona tendrá una autoestima saludable si se siente competente y valiosa (ambas cosas) y tendrá baja autoestima si se siente poco competente y de escasa valía lo que le hace tender a la negatividad y la depresión. Y ¿qué pasa cuando estamos en otras posiciones de esos ejes? Como matemático ¡me encanta esa pregunta!

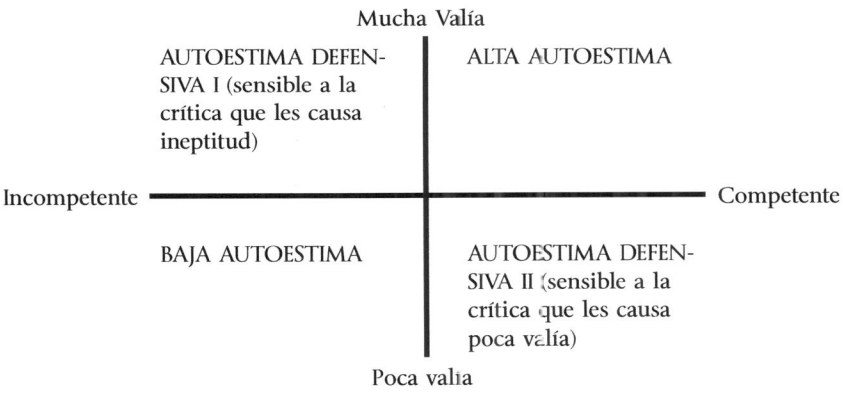

Figura 5: Autoestima y competencia.
FUENTE: Adaptado de Mruk.

Si la sensación de valía es alta, pero sin tener desarrolladas aptitudes para demostrarla, tenemos una *autoestima defensiva de primer tipo*, es decir, personas muy sensibles a la crítica que responden alardeando (para compensar su baja competencia), culpando a los demás (transfiriendo la culpa) o criticando a otros. Aquí encontramos a personas egocéntricas o, en un nivel extremo, personas narcisistas.

En el segundo tipo de *autoestima defensiva* lo que sucede cuando se sienten criticados es que se defienden enfocándose en el trabajo y realizando muchas tareas o de mucho nivel competencial para amortiguar esa desagradable sensación de poca valía. Estas personas tienden a tener un carácter marcadamente antisocial.

En la figura 5 se puede ver gráficamente cómo se sitúa una sana autoestima en relación con la poca autoestima o la defensiva de los dos tipos.

Como hemos visto, el efecto Pigmalión nos ofrece una posibilidad para mejorar la baja autoestima, pero hay otras formas:

a. Mejorar sus aptitudes personales. Para ello hay que formar a la persona en habilidades sociales o en resolución de problemas. Aquí podemos hacer mucho en nuestras aulas poniendo en marcha un programa de mejora de las HHSS como el de Manuel Segura (como *Ser persona y relacionarse*) que nos ofrece un programa de competencia social ya elaborado y fácil de seguir.

b. Cambiar el entorno. Si la falta de valía es debido a su bajo nivel socio-económico, sería recomendable variar su entorno (como cambiarlo a una clase en la que se sienta mejor) sabiendo que medidas más drásticas como mudarse a otro lugar no está normalmente en manos ni del alumno o alumna ni de sus familias. En este caso, se pueden dar ciertas pautas a la familia mediante los orientadores/as o los servicios sociales para mejorar la atmósfera en casa (tal vez aportando más salubridad) o ayudarles a promocionar a la familia en un mejor empleo.

c. Un profesional adecuado. Algunas veces puede suceder que esa persona rechace el *feedback* positivo que se le da porque tenga aspiraciones poco realistas. En ese caso, necesita terapia para ajustar ese «filtro» de forma correcta.

d. Aprovechar las situaciones positivas de la vida para empoderarlos o empoderarlas y de esa forma mejorar su autoestima. Esto también se puede lograr con refuerzos positivos y alentándolos (en lugar de alabarlos) reforzando lo que hace bien, aunque sea algo insignificante.

Finalmente, el aprendizaje cooperativo es otra herramienta muy válida para mejorar la autoestima de todo el alumnado y reforzar aquellas que son estables, pero explicar la teoría y los métodos necesarios exceden los objetivos de este libro. Aunque hay una salida sencilla: ¡fórmate! (¡je, je, je! Hay que aprovechar cada oportunidad.)

Aprendizaje socioemocional.

Para mejorar las relaciones sociales y emocionales con tu alumnado puedes tener en cuenta algunas cosas sencillas para hacer como:

a. Saludar siempre al entrar en clase. A veces hay que hacerlo varias veces porque no hay respuesta, pero no se debe de reprochar a quien no saluda sino sonreír a quien te responda. El saludo puede incluir unas palabras sencillas como preguntarles qué tal el día, cómo se encuentran, etc.

b. Fomenta la participación de tu alumnado. Esto equivale a tener la puerta abierta a que opinen con libertad y que realicen pequeñas tareas (como borrar la pizarra, ir a por tizas, ayudarte en algo concreto) o tengan cierta capacidad para autoevaluarse. Esto hace que sientan que no están como meros «recipientes», sino como parte activa de lo que sucede en el aula.

c. Fomenta actividades de tipo socioemocional como el debate sobre algún tema de interés para ellos (más que para ti), el *role-playing*, estrategias de resolución de problemas o la toma de decisiones de forma que la práctica de estos procesos que los hacen más competentes en situaciones reales contando con la guía de una persona adulta (o sea, tú) que les valide sus pasos les pueda servir de guía en su futuro.

7

Utiliza la novena inteligencia
(lo digo con amor)

«Lo que no se da, se pierde».
Proverbio hindú

QUÉ HACER

La inteligencia emocional va más allá de conocer las emociones, pero conocerlas es imprescindible para tener una buena inteligencia emocional.

Pero ¿qué es la inteligencia emocional?

La inteligencia podríamos decir, en una primera aproximación, que es la capacidad para entender, razonar, saber, aprender y resolver problemas. En psicología se habla de capacidad cognitiva y el conjunto de sus funciones como la memoria o la razón, aunque aún no está claro del todo para todos. Bueno, para Howard Gadner la inteligencia es algo más amplio y está relacionada con algunas habilidades específicas (¡hasta ocho diferentes!) aunque la que nos atañe sería la Novena Inteligencia y habría sido «inventada» o «descubierta» (para mí vienen a significar algo similar) por Daniel Goleman en 1995. La publicación de su libro *Emotional Intelligent* convierte la inteligencia emocional en un tema de interés capital (aunque aún no está del todo configurada). Según este autor, la inteligencia emocional es una meta-habilidad: una habilidad para la vida que tiene que ser educada y desarrollada en la escuela. Chica tarea.

Para Goleman, además, el concepto de inteligencia emocional se refiere a:

a. **Conocer las emociones en un sentido amplio** de la expresión, es decir, cuáles son, cómo se desencadenan, de qué forma se pueden reconocer, pues esto nos permite ser más conscientes de nosotros mismos y nos puede llevar al segundo nivel. Enriquecer el vocabulario emocional se puede empezar a partir de los 6 años aproximadamente lo que facilitará desde esas tempranas edades la mejora de la propia conciencia emocional. Al final de este libro podrás encontrar unas pequeñas referencias que te podrán ayudar en este tema.

b. **Gestionar las emociones**, que no es anularlas ni dejar que te sobrepasen sino buscar la forma más apropiada de que se manifiesten. Si nosotros aprendemos a gestionar nuestras emociones, también podremos ayudar a los demás a gestionar las suyas. Parece de cajón, ¿verdad? Aun así, nos empeñamos a veces en querer ser «maestros de la gestión emocional» con nuestro alumnado, olvidando que nosotros somos a menudo meros aprendices. Hay que trabajar más la gestión emocional[18] en clase para favorecer la regulación emocional de nuestros niños y niñas.

c. **Motivación**. Las emociones están ligadas a la acción (sientes miedo y sales corriendo) y también a la motivación (si te sientes emocionado con algún tema, te sientes motivado a conocer más sobre ese tema), por lo que emocionar a nuestro alumnado en clase nos puede beneficiar a la hora de motivarlos; claro, según la emoción que despertemos. Es decir, si orientamos las emociones y la motivación hacia nuestros objetivos académicos podremos sacar partido de manera inteligente a las emociones que podemos contagiar o crear en clase. ¿Cómo se hace? Te invito

---

[18] Ante todo, estrategias flexibles para que las puedan utilizar en diferentes contextos.

ahora mismo a que dejes de leer y escribas en una hoja 5 cosas que podrías hacer en tu área de conocimiento para motivar a tu alumnado. Te digo la primera: cuéntales algo útil que se puede hacer con lo que les vas a enseñar.

d. **Reconocer las emociones de los demás** nos ayuda también en el desarrollo de la Novena Inteligencia y nos hace personas más empáticas, favorece la convivencia y las relaciones sociales, puesto que hay una relación estrecha entre la conciencia emocional y la aceptación de las personas tal y como son. Autoobservarnos y descubrir cuáles son nuestras emociones nos puede ayudar a vislumbrar la de los demás, por eso es importante no ser un analfabeto emocional.

e. **Establecer relaciones** después de saber qué hacer con las emociones de los demás, es decir, gestionarlas de cara a nosotros mismos. Esta habilidad nos permite *socializar* de manera agradable para nosotros y para los demás y nos ayuda a crear lazos socioemocionales con las personas que nos importan y que a la vez les importamos. Y es que, para tener buenos amigos, además de saber comunicarnos bien, hemos de aprender a expresar nuestras emociones de forma positiva y desarrollar la capacidad de averiguar lo que sienten los demás.

Hay muchos tipos de relaciones y las que podemos establecer con nuestro alumnado no están fuera de rango; me explico: ser cercanos a nuestro alumnado nos puede ayudar a acercarles nuestra asignatura, les puede ayudar a ellos y ellas a tener confianza suficiente para preguntar dudas, pedir algún que otro «consejillo» y, sobre todo, hacer que el clima de clase sea mejor. ¿Quién no querría eso?

Por tanto, ser personas inteligentes emocionalmente nos ayudará en la tarea de educar con mayor eficacia pues no solo enseñamos, sino que también somos educadores (como ya sabemos) y como adultos y adultas que somos, sería también interesante reflexionar algunos principios básicos que, en mi opinión, hay que considerar en profundidad. ¿A cuáles me refiero? Pues a estos:

- **Todas las personas** (niños y adolescentes incluidos) **tienen derecho a expresar sus emociones** y hay que permitirlo **también en las aulas**. Esto nos ayuda a reconocerlas y a poder gestionarlas, sin tomárnoslas como algo personal, aunque algunas lo expresen de forma desafortunada. A veces *reflejarlas* puede ayudar a la persona que la manifiesta a identificarlas. Por ejemplo, si un adolescente nos chilla en clase lanzándonos cualquier tipo de recriminación, no hemos de hacer caso a *lo que dice* sino identificar la emoción que hay detrás y reflejarla «Veo que sientes rabia». Seguramente esto no apague la rabia, sino que haga que se manifieste algún otro tipo de emoción puede que más o menos intensa, pero que nos va a permitir *de nuevo reflejar* lo que le sucede «Te sientes disgustado por tal y cual cosa». No estamos evaluando nada ni juzgando a la persona, ni tampoco haciendo caso a lo que nos dice. Estamos «apagando» un fuego que además le está ayudando a comprender qué sucede.

  De la misma forma si alguien se pone a llorar o manifiesta mucha inquietud, de nada vale decirle que no llore o que esté tranquilo o tranquila, puesto que lo que hacemos es reprimir la emoción y seguramente lo empeoraríamos todo. Las emociones que identificamos como negativas (miedo, angustia, vergüenza o culpa) también hay que expresarlas para tener un aprendizaje emocional completo.

- Si en alguna ocasión **en clase** se presenta la oportunidad de **hablar sobre alguna emoción** concreta, hay que hacerlo **con naturalidad**, pues esto nos aproxima a nuestro alumnado (sí, somos humanos y tenemos sentimientos como ellos y ellas). Tanto de lo que nos alegra (¡mi hijo ha aprobado el examen!) como lo que nos supone enfado o tristeza, haciéndolo de manera que quede claro en qué momento se refiere a terceras personas y en qué momento se refiere a ellos mismos, dejando claro que esos sentimientos no van a nublar nuestras relaciones, pues somos personas que sabemos gestionar las emociones y podemos mantener un alto grado de profesionalidad en nuestras acciones (¿lo somos?).

- Darles «*feedbacks* emocionales» certeros que les brinden seguridad y les ayuden a tener un correcto significado a partir de sus emociones, del tipo «Entiendo que estés enfadado y eso no es malo» o «Comprendo que sientas frustración por los resultados, pero estoy seguro que si perseveras lo lograrás. ¿Necesitas que te ayude con eso?». A veces, cuando los niños son más pequeños interpretan que en ciertos estados emocionales los adultos los dejan de querer. Tal vez es el momento de decirles explícitamente que sus sentimientos no influyen en nuestro cariño hacia ellos y ellas «Veo que estás protestón y te sigo queriendo».
- Darnos cuenta del **lenguaje emocional silencioso** que ocurre en nuestras aulas: sonrisas, fruncidos del ceño, el arqueo de las cejas, gestos de enfado... Interpretar este lenguaje nos va a ayudar a distinguir las emociones de nuestro alumnado, poderlas gestionar y tal vez ayudarles a ellos a reconocerlas poniéndoles un nombre concreto.
- **Facilitar la empatía** entre los compañeros y compañeras de clase. Hay múltiples situaciones donde podemos ayudar a algunos/as a entender lo que otra persona siente con frases como «¿Cómo te sentirías si te hubiera pasado lo que a Rosa?» o también con otras más sencillas que permitan identificarlas «Juan se siente ofendido por lo que le han dicho en el recreo». Un alumnado que es capaz de reconocer los sentimientos de los demás es más capaz de desarrollar la empatía que facilita la convivencia y las relaciones sociales.

Hay muchos libros que nos hablan de multitud de actividades para realizar con niños y niñas, con adolescentes y con jóvenes. En la segunda parte de este libro podrás encontrar las que os propongo para ayudar a esta gestión emocional a nuestro alumnado e incluso alguna para el profesorado, aunque si llevas a cabo las cinco consideraciones anteriores que acabas de leer, seguro que algo nuevo irá sucediendo a tu alrededor: serás una persona más respetuosa y, como por arte de birlibirloque[19], también te respetarán más. ¡Pruébalo!

Una vez que tenemos una *comprensión* «teórica» de lo que es la inteligencia emocional, más o menos, nos hemos puesto en *apertura mental* para tomar conciencia de nosotros mismos y hemos empezado a *poner en práctica* algunas de las recomendaciones anteriores, no quiero pasar la ocasión sin comentar algunas cosas muy interesantes que tienen que ver con las emociones:

- **Neuronas espejo**. Cuando vi un capítulo de la serie REDES de Eduardo Punset quedé maravillado: nuestras mentes se pueden «conectar» gracias a un grupo de neuronas que reflejan, de cierta forma, lo que les llega por medio de los sentidos de manera que se puede, digamos, «experimentar» en cierto grado lo que se percibe, aunque no con tanta intensidad.

  Si nosotros vemos a alguien que se da un terrible golpe contra una farola, enseguida «sentimos» ese dolor intenso: eso lo producen las neuronas espejo. O si, por casualidad, viendo las olimpiadas contemplamos llegar exhausto a un atleta que al cruzar la meta comienza a llorar mientras se derrumba físicamente y se despierta en nosotros una emoción viva que nos hace saltar las lágrimas, eso también son las neuronas espejo.

  La observación de ciertos actos (observación en el amplio sentido de la palabra) produce la activación de un sistema de neuronas, las neuronas espejo, que hace que se evoque en nuestra mente ese acto observado en la persona que observa (sí, hay que leerlo dos veces, pero es alucinante). Así se «transmite» en cierta medida lo que se contempla haciendo que se llegue a «percibir» en un grado más o menos intenso eso que se advierte.

---

[19]   El término 'birlibirloque' proviene del caló y su significado original es *el ladrón (birloque) que roba (birli, de ahí proviene nuestro birlar)*. Decir «por arte de birlibirloque» significa que *alguien había sido robado con arte*, o sea, *sutilmente, sin que se dieran cuenta*. Por eso se sobreentiende que es algo «mágico», sin saberse de dónde viene.

Por eso las emociones que se muestran en clase (o en cualquier sitio) tienen una influencia en nuestro alumnado (y en los demás en general) que, mediante las neuronas espejo y nuestro control emocional, pueden ayudar a facilitar el aprendizaje. ¿Que cómo? Pues así:

- Llega a clase **sonriendo** y **mostrando optimismo** para contagiarlo nada más empezar. Seguro que lo has experimentado tú cuando has visto a alguien tan feliz. ¿Por qué no hacerlo tú?
- **Controla el mal humor** que se puede generar en una clase y pudiera influirte para no verterlo en la siguiente. Respira varias veces al salir de la clase «maléfica», no al llegar a la siguiente (¡que no te vean, que se contagia!).
- Procura **ser visual en tus explicaciones** y no te olvides de la imitación: pequeños trucos mecánicos pueden ayudar a nuestros chavales y nuestras chavalas a hacer las cosas mejor.
- **Trabaja de manera cooperativa.** Las posibilidades de que se activen más las neuronas espejo se multiplican cuando trabajamos en grupo, cuanto más interactuamos con las personas. El trabajo cooperativo es una magnífica manera de activar la mente.
- Procura **no tener comportamientos violentos** para resolver los conflictos que surjan en clase, porque si no ellos aprenderán que esa es la mejor manera de hacerlo.[20]
- De la emoción a la **motivación** intrínseca.

¿Qué es lo que nos provoca entusiasmo y es capaz de orientar la conducta humana? La respuesta a esta pregunta no es baladí; más bien tiene mucho valor, puesto que, si supiéramos, como «profes» y «seños», producir energía en nuestro alumnado y fuéramos capaces de encauzar su comportamiento hacia el crecimiento personal, tendría-

---

[20] Una pequeña reflexión: algunos de nuestros alumnos y alumnas no saben otra forma de resolver sus conflictos que mediante la violencia porque han aprendido, tal vez en casa y por imitación, que es la forma de hacerlo. No es justificarlos. Es entenderlos mejor para poder ayudarles mejor.

mos la clave de propiciar su propio aprendizaje y, lo más interesante, se lo podríamos entregar a ellos mismos para que fueran generadores de su propia formación.

¿De qué hablamos?, ¿de la motivación? Más aún: de la automotivación o también llamada motivación intrínseca.

La motivación (a secas) abarca psicológicamente varios aspectos de la persona humana como son:

- Las **necesidades**, que nos empujan o estimulan hacia su satisfacción como, por ejemplo, el hambre o el sentido de pertenencia que nos mueven a buscar comida, en el primer caso, o a entablar relaciones con otras personas, en el segundo caso.

- Lo **cognitivo**, es decir, lo que elucubramos, lo que creemos, nuestro autoconcepto como seres humanos, las expectativas y todo lo que tiene que ver con la forma de pensar de las personas. Cuando estamos en clase y explicamos un tema, contamos alguna anécdota o proponemos alguna actividad, generamos en nuestro alumnado cierta idea de lo que han oído que les puede hacer *pensar* sobre ellas, también que se vayan *evaluando* sobre lo que saben o no de esa cuestión o, en ocasiones, que se produce un *aprendizaje* a medida que escuchan o realizan esa tarea, que se les *provoquen* ciertas *expectativas* sobre lo que harán y es posible que incluso les llevemos a *considerar* si podrían ser de tal o cual forma o tener esta o aquella profesión. Es decir, lo cognitivo también les «mueve» en algún sentido.

- Las **emociones** también, como hemos dicho anteriormente, desempeñan un papel muy importante en lo que nos mueve en la vida, sobre todo de forma *adaptativa*, como, por ejemplo, echar a correr cuando vemos que viene hacia nosotros un coche descontrolado, aunque también *impulsan deseos* que surgen en momentos cruciales de nuestra existencia y nos pueden orientar hacia caminos maravillosos, como, por ejemplo, el deseo de aprender algo. Despertar pasión por el aprendizaje: un reto posible.

Además, hay algunos aspectos relacionados con la motivación que tienen que ver con nuestra conducta y que, lógicamente, también se manifiestan en la escuela. Me explico: lo deseable para nuestro alumnado es que preste *atención* a la explicación, que haga un *esfuerzo* para lograr la tarea que se les encomiende, que tengan una *respuesta al estímulo* de aprender lo más corto posible, que muestren *persistencia* a la hora de llevar a cabo la tarea que se les encomienda, que sus *cuerpos* y sus *expresiones* estén relajados y acordes con lo que se esté haciendo y que la *probabilidad* de que el resultado a todo esto sea lo deseado (estudiar y trabajar, además de tener un comportamiento razonable) sea alta.

Estos factores de la motivación (*atención, esfuerzo, respuesta al estímulo, persistencia y probabilidad*) hay que tenerlos en cuenta para **despertar en ellos** de diversas formas **el interés** y las «ganas» por aprender pues **la motivación**, además de su carácter adaptativo, **dirige la atención y nos prepara para la acción**. A veces captar la atención en un momento dado puede ser suficiente para un pequeño objetivo, pero otras veces hay que promover el esfuerzo o la persistencia para que se alcance lo que deseamos a más largo plazo. Y no olvidar que hay situaciones que suceden de pronto como un dolor de cabeza, que harán que se les preste más atención que a, por ejemplo, leer en clase un trozo del libro. Luego esta variación en la intensidad de la motivación influirá también en el aprendizaje y no podemos perderlo de vista. Si se les motiva a leer porque, digamos, está próximo un examen o porque lo que se va a leer es del interés del alumnado, pueden aumentar la persistencia o la probabilidad de un mejor resultado. Por eso *no da igual* cuándo se lee o qué se lee o la manera en que se lee. A veces leer con una entonación un poco exagerada alguna cosa puede despertar en nuestro alumnado una emoción que ayude a prestar atención, o leer los cinco últimos minutos de clase algo muy importante puede provocar el efecto contrario por falta de atención (se está pensando en terminar) o porque requiere un esfuerzo y ya están cansados al final de la clase. Por eso es bueno pensar cuándo y cómo hacemos las cosas. No da lo mismo.

Algunos profesores que asisten a los cursos que imparto sobre estos temas me dicen que a veces han aplicado alguna herramienta de las que doy sin éxito, pero cuando hemos profundizado en el momento o la forma, hemos visto que no eran los adecuados. Pero esto se aprende, no pasa nada. Hay que seguir.

Como idea, os cuento que tengo una colección de tarjetitas de colores con preguntas sobre diferentes temáticas científicas que utilizo en muchas de mis clases antes de comenzar la lección (sobre todo en 1º y 2º de la ESO) haciendo que alguno de los alumnos escoja una de ellas y la lea en voz alta para que el grupo-clase trate de averiguar de qué se trata. Después de una pequeña discusión, se lee la respuesta. Os aseguro que los tengo alerta y preparados para, a continuación, empezar con lo que tenga planificado para esa hora de clase. Sienten emoción por saber qué pregunta será, tienen expectativas sobre si lo que se lee lo sabrán o no, la probabilidad de que estén pendientes aumenta y demuestran, como clase, persistencia para responder adecuadamente. Os aseguro que lo que veo en sus caras y lo que me dicen sus cuerpos, aunque no es relajación precisamente, es una «dichosa tensión» por resolver esa cuestión.

Y aunque es cierto que observamos que hay una parte de nuestro alumnado que está apático o sin motivación hacia algunas materias (¡o todas!, pero los menos aún), también lo es que algunos maestros y maestras utilizan amenazas, calificaciones, partes de comportamiento o ausencia de ciertos privilegios esperando que esto motive a los estudiantes hacia el deseo de aprender. Cuando uno lo vuelve a leer, suena ridículo, ¿verdad? Pero es que a veces no sabemos qué otras cosas podemos hacer para motivar al alumnado o hacer que disfrute lo suficiente como para que tenga ganas de seguir la explicación, de trabajar lo que se le proponga e incluso de aprender para poder ser competente.

Cuando logramos que una persona tenga una **motivación intrínseca**, es decir, que actúe por su propio interés, logramos que no haya una razón externa que lo impulse a estar motivada, sino que haya necesidades «dentro» de ella que reciben un *apoyo* adecuado y se realizan en un *ambiente* propicio y que hacen que sienta que realiza actividades interesantes. Claro, pero ¿cómo se puede hacer eso en la escuela? Porque tenemos mucho alumnado diferente y diverso dentro del aula en muchos sentidos: edad, intereses, tipos de inteligencia, necesidades . . . Ese es nuestro reto. Y hay cosas que podemos hacer:

- **Utilizar refuerzos positivos** con frecuencia, es decir, estímulos que aumenten las probabilidades de que nuestro alumnado tenga una conducta deseada más tiempo o más veces, como que estén atentos o que estudien más. Son cosas sencillas como *dar las gracias, asignar un «positivo»* por traer o terminar la tarea (aunque esté mal), *alabar* algo que se dice o se hace en clase, *prestar atención* a un alumno o alumna en un momento determinado, *dar un premio* sencillo como un bizcocho a toda la clase por comportarse bien o un reconocimiento público a alguna persona por algo bien hecho, algún *privilegio* como salir cinco minutos antes al recreo por ser el primer grupo en terminar alguna tarea . . .
- **Refuerzos negativos**, es decir, se refuerza una conducta porque se *elimina* un estímulo o una situación que se considera desagradable. Por ejemplo, si te tomas una pastilla y deja de dolerte la cabeza (eliminas el dolor), esto refuerza que te tomes la medicación en un futuro.

  Utilizarlos a nuestro favor no es sencillo porque quitar lo que nos molesta (reforzadores negativos) de forma que esto juegue a nuestro favor no se le ocurre a uno fácilmente (a ver, inténtalo). Os pongo un ejemplo: si un maestro o maestra es autoritario o castigador generará en su alumnado malestar o temor y se provocará una conducta de *huida* o *evitación* que no nos beneficia ni a ellos ni a los maestros, como no querer participar en clase, no entrar en el aula o incluso no querer ir a la escuela. Si ese maestro o esa maestra eliminan las amenazas, las quejas, el regañar, el aislamiento, etc. (es decir, los reforzadores negativos), es posible que se aumenten las posibilidades de que el alumnado participe y tenga interés por la materia.

De todos modos, es mejor utilizarlos no en sentido desfavorable[21], sino en sentido positivo, como, por ejemplo, *reducir* las tarea al alumnado que se ha portado bien (*quitar* tareas) refuerza la conducta deseada (que se porten bien) o para hacer que un determinado alumno preste atención en clase (conducta deseada) la maestra le dice que le *quita* la tarea del fin de semana (reforzador negativo). Otro ejemplo es que en educación física el alumno o alumna que saque un sobresaliente *se libra* de los ejercicios de calentamiento la siguiente semana. Aunque, si saca sobresaliente en esta materia, a lo mejor le resulta un fastidio... ¡habrá que investigarlo!

Hay que tener cuidado porque a veces se utiliza mal el refuerzo negativo: si un niño está molestando mucho hasta que el maestro le hace caso (conducta deseada del niño), el niño deja de molestar (quita el reforzador negativo que es molestar). Si el maestro dirige su atención a otro compañero o compañera, empieza de nuevo a molestar. En este caso, su uso no es adecuado.

- **Dar una explicación explícita.** (Valga la redundancia). Si mandamos hacer una tarea, por ejemplo, una relación de ecuaciones de matemáticas, lograremos mejores resultados *explicando la razón* que hace que sea importante hacer esa tarea que, por ejemplo, ofreciendo una recompensa (motivación extrínseca). Podíamos decir, en ese ejemplo, algo así como que «resolver estos problemas es importante porque nos ayudan a entender que las ecuaciones son clave y muy útiles en la vida diaria (ya veréis los problemas tan reales[22]), gracias a ellas se construyen móviles y cohetes espaciales y además nos prepararán para la prueba de

---

[21] Un uso *desfavorable* del reforzamiento negativo sería quitar 5 minutos de recreo por cada ejercicio que no termine el alumnado en un tiempo concreto. Es un refuerzo negativo porque si haces la tarea (la conducta deseada) no te influye que te quiten parte del recreo (es decir, se elimina algo no deseado), pero, en este caso, en mi opinión esto se parece más a una obligación que a un refuerzo.

[22] Eso sí, que los problemas sean de verdad reales.

dentro de dos días». Las personas que escuchan una razón *convincente* de por qué es importante realizar una actividad poco entretenida, en general, hacen un mayor esfuerzo y participan más de esa actividad que los que no tienen ninguna fundamentación para realizarla, puesto que puede hacer que *se valore más* y que *se le encuentre sentido*. Cuanto más se utilice esta forma (de manera convincente) de motivar mayor será su internalización, es decir, la manera en que se aceptan estas razones, facilitando así que las asuman como las suyas propias y, de ese modo, mejorará el esfuerzo.

- Conexión emocional con el **sentido**. Esto se parece a lo anterior, pero tiene un matiz diferente. Si logramos que las cosas que van a aprender o que están aprendiendo tengan que ver con su realidad personal o con experiencias positivas del alumnado mostrando una aplicación real, es posible que vean el valor práctico de lo que están aprendiendo y mejore su interés. Por ejemplo, si estás dando el ciclo del agua puedes llevar al patio al alumnado cuando ha llovido y que vean los charcos, huelan la tierra mojada, miren al cielo buscando las nubes...será algo que cobrará sentido real. O si estás explicando un tema sobre las plantas, lo puedes relacionar con las macetas que tiene tu abuela en su casa. También puedes, en matemáticas, plantear un proyecto en el que tu alumnado tenga que montar un determinado negocio que les guste y tengan que calcular los gastos para ponerlo en marcha o buscar algún avance tecnológico en el que sea básico conocer algún tema que estáis explicando. Una vez lo utilicé cuando explicaba al alumnado de secundaria la dilatación de los materiales llevándolos a ver las juntas de algunas clases y los espacios que se dejan entre ellos para cuando se expanden mucho. Algunas mentes se podrán sentir inspiradas y capaces.
- Ayúdales a **reflexionar**. La reflexión es fuente de autoconocimiento y ayuda en la generación de ideas desarrollando la creatividad. Una forma interesante y sencilla de hacerlo implicando la motivación es pedirles a principio de curso que escriban una

carta a sí mismos/as en la que se cuenten cuáles son sus metas personales y para este curso. Las cartas, cerradas, las custodiará el maestro o maestra hasta que comience el último trimestre, que será un momento ideal para que las repartamos, las lean personalmente y abramos un debate sobre qué hemos conseguido, qué no, cuánto han avanzado y qué podrían hacer para mejorar. Si alguno o alguna la quiere leer, también puede hacerse. También pueden hacer un diario de aprendizaje donde pongan sus objetivos más a corto plazo y lo que van consiguiendo.

- Propiciar un **ambiente** en el que el alumnado y el maestro o la maestra se encuentren bien. Según algunas investigaciones, las personas que se encuentran bien tienen mayor probabilidad de ayudar a otras personas[23], de ser más sociables[24], de ser más agradables con los demás[25], de ser más generosos con otras personas[26] y con ellos mismos[27], de actuar cooperativamente y con menos agresividad[28], de resolver problemas de forma más creativa[29] y de mostrar mayor motivación intrínseca en actividades que les resulten interesantes[30]. Como se puede observar, crear un buen ambiente en el aula son solo ventajas. Pero ¿cómo puede hacerse que nuestro **alumnado y nosotros** mismos **nos sintamos bien** en clase? Lo primero es utilizar ese efecto Pigmalión positivo para nuestra predisposición personal de sentirnos bien cuando vamos a clase. Es fundamental, ya lo hemos visto, porque se «contagia» a distancia. Pero además podemos seguir unas sencillas recomendaciones:
  - Llamar a los alumnos y alumnas por su nombre de pila (no me refiero a un mote o alguna palabra despectiva, sino su

---

[23] Isen y Levin, 1972.
[24] Batson, Coke, Chard, Smith y Taliaferro, 1979.
[25] Veitch y Griffith, 1976.
[26] Isen, 1970.
[27] Mischel, Coates y Raskoff, 1968.
[28] Carnevale e Isen, 1986.
[29] Isen *et al.*, 1987.
[30] Isen y Reeve, 2005.

nombre de pila). Por ejemplo, a una alumna mía le gustaba que le llamara «Ari» en lugar de «Ariadna».

- Establecer contacto visual con los alumnos y alumnas durante la clase en lugar de mirar la pizarra, los papeles . . . , buscar ese contacto y que sea afectuoso.

- Tener sentido del humor.

- Contar pequeñas anécdotas en las explicaciones ayuda a la distensión y a mejorar el interés.

- Acercarnos a los niños y las niñas durante la clase en lugar de permanecer sentados en la «mesa del profesorado» o en pie al lado de la pizarra y hacerlo con todos los posibles, especialmente con los más «revoltosos» o «revoltosas».

- Reconocer el valor de las opiniones e ideas del alumnado.

- No dejar pasar las palabras malsonantes en clase, corrigiendo con cariño y firmeza.

- Dar pequeños descansos en clase cuando se observa que el alumnado está con menos energía. Para ello se puede hacer un cambio de actividad o algún comentario que rompa la clase.

- Transmitir entusiasmo con las tareas que se mandan en clase. Es contagioso. Si se transmiten con neutralidad o desgana, me temo que también se va a contagiar.

- Como dice la oración «dar al esfuerzo su mérito», es decir, saber reconocer los pequeños éxitos de nuestro alumnado.

- Especificar concretamente qué ha hecho el alumnado para alcanzar sus aciertos.

- Cuando se pide una tarea, especificar qué se espera que se alcance al llevarlas a cabo.

- Utiliza órdenes α en lugar de órdenes β. Ya sabemos que las órdenes β son las que se realizan de manera vaga y difusa o de difícil cumplimiento, como se muestran en la figura 6 y que no ayudan a que el alumnado obedezca por su inconsistencia. Las órdenes α, sin embargo, al ser *claras*, *directas* y *apropiadas* ayudan al alumnado a saber exactamente qué se espera de ellos y por tanto a que se cumplan de forma eficaz.

ORDEN β	EJEMPLO	QUÉ SUCEDE	ORDEN α o ALTERNATIVA MEJOR
INATEN-DIDA	En cuanto suena el timbre el alumnado empieza a recoger y el maestro se pone a dictar los deberes.	No podemos asegurar que se atienda la orden.	Lo mejor es no dar ninguna orden en un momento así.
IMPRECISA	Decimos a un alumno al que le hemos pre-guntado varias veces y no ha respondido bien: «Debes hacerlo **mejor** la **próxima vez**».	No se describe bien el comporta-miento deseado.	«Cuando llegues a casa repasa la lección durante 1 hora porque mañana te vuelvo a preguntar. ¿Entendiste?».
IRREALI-ZABLE	Una maestra dice a una alumna que ha sacado un 1 en un examen: «La próxima vez sacarás un 10».	Lo que se propone no es realista; no se lo cree ni la maestra.	«Estudia cada día una hora y sacarás más de un 1 en el examen siguiente».
COMPLEJA	Mientras los alumnos/as están haciendo las tareas, la maestra se pone a explicar algo complicado de un ejercicio: «Hay que hacerlo así, ¿veis?». Lo vuelve a explicar con la gente hablando. Pero uno dice: «¿Qué ejercicio?». Y otra: «¿Puedo ir al baño?». Y la profesora dice: «También en la página 43 encontráis un ejemplo de eso». Y responde otro: «Maestra, ¿de qué hablas?». Y ya, la maestra que lo ha explicado varias veces finaliza con un: «¡Ya no lo explico más! Ya veréis en el examen».	El profesora-do manda más órdenes de las que son capaces de asimilar y en un ambiente poco propicio que hace que el alumnado no preste atención, ignore las órdenes y siga con su tarea.	Lo primero que hace la maestra es pedir silencio. Cuando se callan, les dice: «Prestad atención que os voy a explicar el ejercicio 4, que es complicado». Y se pone a explicarlo por pasos con ejem-plos en cada paso asegurándose con preguntas del tipo «¿Me explico?». «¿Lo veis?», que se están enterando.
REITERA-DA	El profesor regañando a Juan: «Estoy cansado de decirte que te pongas derecho en la silla. ¡No sé qué voy a hacer contigo!».	Está reforzando el comportamien-to del alumno explicando que no puede solucionarlo.	«Juan, por favor, quiero que te sientes derecho en la silla ahora. No quiero repetírtelo. Gracias».

DÉBIL	«Verás, si no te importa, guarda un poco de silencio, ¿vale? Es que, a lo mejor, molestas un poco, bueno, si quieres...».	No se expresa como una orden y el alumno piensa que puede elegir hacerlo o no.	«Luis, por favor, guarda silencio ahora para que los demás puedan escuchar. Gracias».
AUTORI-TARIA	El profesor seriamente dice «No se te ocurra levantarte de la silla sin tener los ejercicios hechos o si no vas a ver lo que es bueno. ¡Ya estás tardando! ¡Venga!».	Utiliza malos modos, amenazas, abusa de su auto-ridad y el alum-nado responderá agresivamente.	«Sonia, por favor, ponte a hacer los ejercicios 3 y 4 antes de que suene el timbre para poder salir al recreo con esos ejercicios terminados».
CONTRA-DICTORIA	«Podéis hablar mientras hacéis los ejercicios». Hay mucho revuelo en la clase. «¡Que os calléis! Os estoy hablando. ¡Callaros!».	Los alumnos y las alumnas no saben a qué atenerse. Es confuso.	«Mirad, podéis hablar en voz baja mientras hacéis los ejercicios. Si veis que levanto la mano, es que estáis hablando fuerte y ten-dréis que bajar la voz. ¿Entendido? Gracias».
INCONSIS-TENTE	La maestra se enfada y les pone a toda la clase una mala nota. Al otro día se arrepiente y lo borra.	Estos cambios desconciertan al alumnado.	Hay un dicho popular que es «Orden más con-traorden es igual a desorden».
	Unos maestros dejan que los niños y niñas miren el móvil en clase y otros no.	Hay criterios diferentes que con-funden al alum-nado y hace que se beneficie de los más permisivos.	Los consensos hay que respetarlos.

Figura 6: Órdenes α y β .

– Si has de llamar la atención procura que sea en privado. Un espectáculo en medio de la clase se ha de evitar para que la atención no se desvíe de las personas que están concentradas y trabajando.

• Deja que tengan más **autonomía**. Sí, lo hemos oído muchísi-mas veces, pero es verdad por muchas razones: los hacemos menos dependientes, les abrimos la puerta hacia nuevas formas de entender las cosas o de realizar proyectos, mejoramos su autoestima, etc. ¿Y cómo hacerlo? Ya hemos comentado que darle algunas responsabilidades les puede ayudar, pero hay otras formas. Por ejemplo, elegir qué libro leer para hacer un trabajo o para el tiempo de lectura (que, por cierto, es muy sano), que puedan elegir el formato de un trabajo (aunque le des ciertas pautas), que entre todos y todas elaboren las normas de clase, que puedan escoger entre varias cuestiones en un examen para aspirar a una nota o a otra, que puedan seleccionar el orden de los temas que se abordarán en clase . . . La clave, como puedes observar, está en darles capacidad de elección. Elegir es vivir porque es practicar la libertad, aunque vivir es constantemente elegir una cosa para no elegir las demás posibilidades. Me pongo filosófico. Seguimos.

- Implantar un modelo de **mentoría**. Antes se hablaba de tutoría individualizada o tutoría entre iguales y ahora se habla de mentoría, que viene a ser parecido, pero no exactamente igual. Ya comentamos en *Educación Con-vivencia* lo que llamábamos el Aula de Reflexión, un espacio-tiempo en el que se acompaña a un alumno o alumna en sus dificultades o necesidades, todo ello con personas formadas y coordinadas desde el Dpto. de Orientación. Y es también una forma «breve» de esas tutorías que comentábamos. Pero la mentoría va un poco más allá, puesto que cuenta con personas que no son del centro escolar, con toda la riqueza que ello supone. No vamos a descubrir América, pero podemos plantearnos las mentorías como oportunidades que damos a gente «significativa» de fuera del contexto escolar (por ejemplo, un médico, una artista o una política de tu pueblo) de dar orientación vocacional, de contar experiencias, de motivar al alumnado e incluso de dar apoyo emocional al alumnado del centro en determinados momentos del curso. Lo ideal es crear un vínculo con un grupo-clase con visitas *de* la persona externa o guía del mentorado, visitas *a* la persona en cuestión y algunas actividades en la que se puedan compartir momentos interesantes sobre un tema del que la persona sea experta. Por ejemplo, visitar una residencia de ancianos, un teatro o el ayuntamiento, lugares donde las personas que nos ayudan en este proyecto realizan su actividad o nos pueden contar algo interesante relacionado con ella. Lo ideal es buscar personas inspiradoras, y si son famosas, mejor. Aunque es importante citarse con ellas antes y hacer una revisión conjunta del proyecto: qué se pretende, cómo se hará, qué gestión de las visitas se podrían implementar, etc. En mi centro lo hemos hecho y ha sido muy positivo.

Si además lo hacéis con distintas clases o en distintos centros escolares y tenéis la ocasión de veros juntos para celebrar lo aprendido, la motivación intrínseca será aún mayor.

- **Emociones** que favorecen la **cooperación**.

  Ayudar nos hace sentir bien, es la verdad. Y además está demostrado que la sensación de felicidad es mayor cuanto más se procura que los que están alrededor nuestro sean personas felices. Hacer felices a **todos** los demás que nos encontramos a lo largo de nuestro día a día es imposible, pero podemos proponernos, al menos, intentar que nuestro alumnado, la mayor parte del tiempo en el que estamos con ellos en clase, sean más felices. Sí, no estás leyendo mal: ser feliz es un objetivo básico necesario, también en clase.

  Hay emociones que favorecen precisamente eso, que nos sintamos mejor tanto nosotros y nosotras al ofrecerlo, como las personas que reciben esas magníficas sensaciones (ya sabéis, por las neuronas espejo):

  - La *gratitud*, como experiencia de ser correspondido va a favorecer en nuestro alumnado su autoestima y sus ganas de volver a sentir esa gratitud que le brindamos. Funciona.
  - La *simpatía*, como voluntad de alentar un clima agradable provocará en ellos y ellas cierta conexión con el maestro o maestra y despertará reciprocidad.
  - La *sinceridad*, que expresada con agrado y sin juicio despierta agradecimiento.
  - La *confianza*, necesaria para respaldar su autonomía personal.

Por tanto, servirnos de una buena educación emocional, como estamos viendo, nos lleva a mejorar nuestro bienestar personal, como no cesa de decir Bisquerra, y el de las personas que tenemos a nuestro alrededor, como afirma la psicología positiva que . . . bueno, eso os lo cuento en el siguiente capítulo. ¡Nos vemos pronto!

CÓMO HACERLO

Vocabulario emocional.

Para poder empezar a trabajar la IE, lo más básico es conocer cierto vocabulario emocional para poder expresarnos mejor y validar las emociones de nuestro alumnado.

	Qué siento	Qué hago
En mí mismo	AUTOCONCIENCIA	AUTOCONTROL
En los demás	EMPATÍA	HABILIDADES SOCIALES

Figura 7: Habilidades de la inteligencia emocional.

Si no podemos poner nombre a las emociones que sentimos (autoconciencia) no es posible que lo hagamos con los demás (empatía). Como educadores/as, es parte de nuestra tarea tener una formación básica en estos temas para afrontarlos con naturalidad en clase. En otro libro[31] ofrecía un listado de emociones extraídas a su vez del *Diccionario de los sentimientos,* escrito por José Antonio Marina y Marisa López Penas.

Diversos autores que han investigado sobre las emociones han definido de 6 a 8 emociones como básicas, pero una nueva investigación pu-

---

[31] *Educación Con-vivencia* de la editorial Aula Magna (Mc Graw Hill).

blicada en la revista *Current Biology* por científicos de la Universidad de Glasgow[32] ha desafiado esta opinión, y ha sugerido después de un estudio de las expresiones faciales que solo hay cuatro emociones básicas que serían alegría, rabia, tristeza y miedo. Clásicamente, Paul Ekman añadía sorpresa y asco, pero esta investigación sugiere que el miedo y la sorpresa al compartir una señal común (los ojos abiertos cuando comienzan a emitirse) así como la rabia y el asco que compartirían la nariz arrugada (que identifican en este estudio como señales tempranas de peligro), en realidad, buscan optimizar la información visual, en el caso del miedo y la sorpresa, y en el caso de la rabia y el asco, arrugar la nariz impide en ambos casos que inspiremos sustancias dañinas.

Sea como fuere, las categorías básicas las englobamos en las zonas de regulación emocional para dar un sentido más didáctico al aprendizaje de las mismas. Recordamos que las categorías vienen dadas por colores. Un ejercicio interesante para empezar sería definir entre todos y todas las diferentes emociones que se encuentran en cada color. Para ayudaros os ofrezco las mías propias:

- **Zona azul.**
    a. Tristeza: Es cuando te sientes mal o desanimado por algo que ha pasado o porque echas de menos algo o a alguien.
    b. Timidez: Es sentirte nervioso/a o incómodo/a cuando estás con otras personas, especialmente si no las conoces bien.
    c. Depresión: Es una tristeza profunda que dura mucho tiempo y hace que pierdas interés en las cosas que antes te gustaban.
    d. Aburrimiento: Es la sensación de no tener nada que hacer o de que lo que haces no te interesa o no te divierte.
    e. Cansancio: Es sentir que no tienes energía y que necesitas descansar.
- **Zona verde.**
    a. Enfocado/a: Es cuando estás muy concentrado/a en algo y pones toda tu atención en ello.

---

[32] https://www.cell.com/current-biology/fulltext/S0960-9822(13)01519-4

b. Tranquilidad: Es sentir paz interior, estar calmado y relajado.

c. Felicidad: Es la sensación de estar contento y satisfecho con lo que tienes o lo que estás haciendo.

d. Quietud: Es cuando todo está en calma y no hay movimiento o ruido.

e. Orgullo: Es sentir satisfacción por algo que has hecho bien o por ser parte de algo que valoras.

f. Atento/a: Es estar concentrado/a y pendiente de lo que sucede a tu alrededor.

- **Zona amarilla.**

    a. Preocupación: Es pensar mucho en algo que te inquieta o te causa ansiedad.

    b. Inquietud: Es la sensación de estar nervioso/a o incómodo/a, sin poder relajarte.

    c. Frustración: Es cuando te sientes mal porque algo no salió como esperabas o no lograste lo que querías.

    d. Celos: Es sentir inseguridad o miedo de perder algo o a alguien que valoras, porque piensas que alguien más lo quiere.

    e. Confusión: Es no entender algo bien y sentirte perdido/a o desorientado/a.

    f. Molestia: Es sentirte incómodo/a o irritado/a por algo que te ha pasado o que alguien ha hecho.

- **Zona roja.**

    a. Enfado: Es sentirte muy molesto/a o enojado/a por algo que te parece injusto o incorrecto.

    b. Tensión: Es sentir presión o estrés, como si algo te estuviera empujando a hacer algo o a tomar una decisión.

    c. Miedo: Es sentir que algo malo puede pasar y eso te causa inseguridad o angustia.

    d. Descontrol: Es sentir que no puedes manejar tus emociones o que las cosas están fuera de tu control.

e. **Aterrorizado/a:** Es sentir un miedo muy intenso, tanto que casi te paraliza y hace que te sientas en peligro o en una situación extremadamente amenazante.

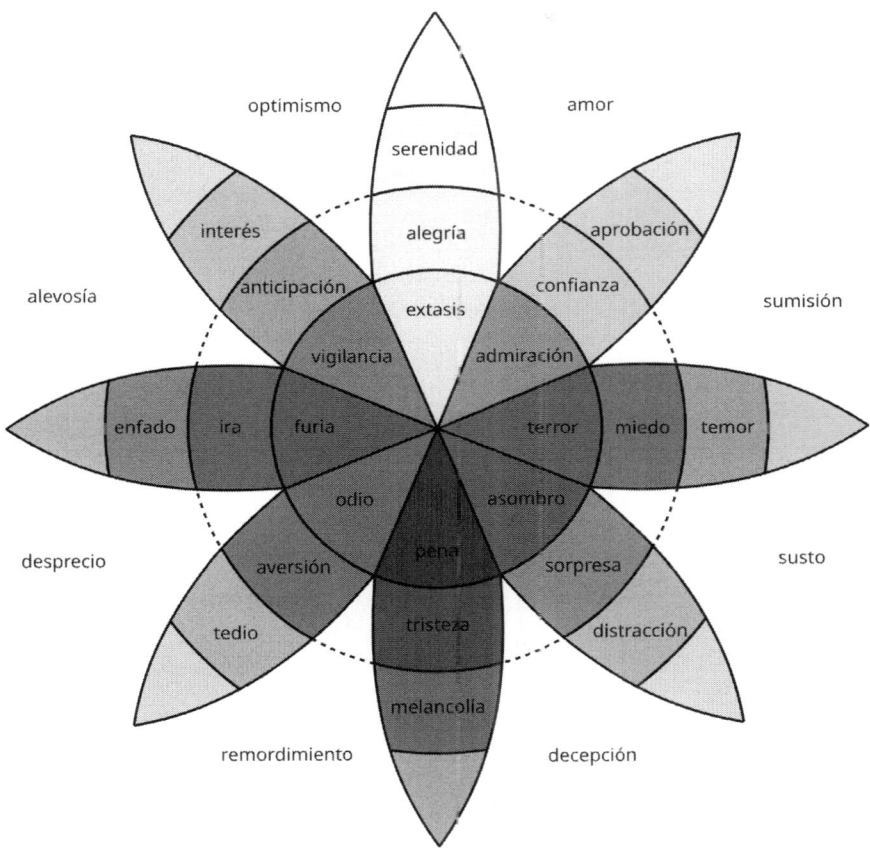

Figura 8: Rueda de las Emociones de Robert Plutchik (1980).
Fuente: Wikimedia Commons.

Como ves, no son unas definiciones muy sofisticadas, pero creo que pueden ser muy comprensibles para nuestro alumnado. Hay muchos matices y diferencias sutiles entre todas las emociones y se han intentado especificar en varios listados o en otros modelos variando la intensidad, como la Rueda de las Emociones o el modelo cónico, ambos de Plutchik[33]. Me parece muy interesante profundizar en estos matices, pero para ello nuestro vocabulario ha de enriquecerse poco a poco.

Actividades relacionadas con las emociones.

Os traigo algunas actividades interesantes que nos pueden ayudar en la gestión de las emociones y por tanto en el autocontrol de las mismas, así como en el reconocimiento de las emociones de los demás.

- Mapa de las emociones.
    - Objetivo: Ofrecer un vocabulario emocional sencillo.
    - Desarrollo: Se da un listado de emociones (tantas como alumnos y alumnas) y se reparte una para cada uno/a. Se puede utilizar la Rueda de las Emociones. Cada persona intenta definir con sus palabras esa emoción y hacer un emoticono.

        Después las ponemos en común e intentamos afinarlas entre todos/as. Explicamos que las emociones no son ni buenas ni malas, sino que podemos pensar que son agradables o desagradables dependiendo de la situación.

        Finalmente las escribimos en un mural por grupos incluyendo el emoticono y las colgamos en clase.

- ¿Cómo me siento?
    - Objetivo: Tomar conciencia de cómo me siento en un momento dado.
    - Desarrollo: Tomando como referencia el mapa de emociones que hemos construido, invitamos al alumnado a responder a unas preguntas de forma individual:

---

[33] Psicólogo americano que creó en 1980 la *Rueda de las Emociones* en la que enfrentaba ocho emociones básicas en cuatro pares opuestos (alegría/tristeza, confianza/desagrado, miedo/ira, sorpresa/anticipación) cada una de las cuales se componía a su vez de otras dos emociones definidas dentro de la misma categoría que la básica, pero con diferente intensidad.

- ¿Cómo te sientes en este momento/ esta semana?
- ¿Por qué creo que me siento así? Explícalo brevemente.
- ¿Cómo me gustaría sentirme?
- Indica una o dos cosas que te ayudarían a sentirte como quieres.

Por último, invitamos al alumnado a compartir sus respuestas y abrimos un espacio de diálogo en el que podemos aportar ideas sobre cómo sentirnos de la forma que queremos.

- Mi diario emocional.
  - Objetivo: Favorecer la conciencia emocional del alumnado.
  - Desarrollo: Esta actividad se propone al alumnado y se explica cómo hacerla, pero es algo muy personal, por lo que se les explica que no se le pedirá compartirlo, sino que se les ofrece como una ayuda para tomar conciencia de las emociones que siente.

Para ello, se le pide al alumnado que copie las definiciones de las emociones que se han llevado a cabo anteriormente o se le facilita un listado con diferentes emociones. Después se le dice que debe llevar un registro en un momento determinado del día durante una o dos semanas, procurando que sea siempre a la misma hora. Para ello debe apuntar:

  - La emoción o emociones que has sentido en el día. Puedes escoger la más intensa o la más significativa del día.
  - Repasa brevemente qué ocurría cuando sentías esa o esas emociones: lo que sentías en tu cuerpo, lo que pensabas, qué cosas hacías o deseabas hacer cuando tenías esas emociones, etc.
  - Al terminar la semana observa qué emociones se repiten, cuál crees que es tu tendencia emocional (en qué zona te encuentras), las causas que lo provocan, los pensamientos que tienes al respecto . . .
  - Después puedes pensar si alguna de las reacciones las podrías haber hecho de otra forma o si te gustaría hacerlo de otra forma. Se invita al alumno o alumna que quiera a compartirlo con el maestro o maestra.

Para este ejercicio, te ofrecemos unos listados de sensaciones y acciones que pueden ser útiles para el alumnado. Si lo ves oportuno, las puedes repartir o poner en clase en un lugar visible.

Sensaciones corporales	- Mariposas en el estómago. - Nudo en la garganta. - Sudoración repentina. - Latidos rápidos del corazón. - Tensión muscular. - Escalofríos. - Temblor en las manos. - Calor en el rostro. - Falta de aire o respiración rápida. - Dolor de cabeza. - Pesadez en el pecho. - Sensación de debilidad o mareo. - Náuseas. - Opresión en el estómago. - Ligereza en el pecho. - Sonrisa involuntaria.
Acciones posibles	- Sonreír. - Compartir las sensaciones. - Disfrutar el momento. - Practicar la gratitud. - Llorar. - Salir corriendo. - Hablar con alguien de confianza. - Respirar profundamente. - Realizar una actividad física. - Tomarse un descanso para relajarte. - Masajear las sienes. - Beber agua. - Hacer una pausa. - Reflexionar o meditar.

- Autoconciencia emocional
  - Objetivo: Desarrollar la conciencia emocional del alumnado.
  - Desarrollo: Vamos a facilitar al alumnado un listado de frases para que las completen. Son oraciones en las que hay una emoción secundaria que las rigen y completarlas les puede ayudar a ellos a conocerse mejor (aunque también las podemos completar nosotros y nosotras . . . siempre vienen

bien). Puedes poner las emociones que quieras; te hago una propuesta.

FRASES CON EMOCIÓN

- Siento **terror** cuando . . .
- Me he sentido muy **asombrado** cuando . . .
- Me **interesa** mucho . . .
- Lo que me da **serenidad** es . . .
- Siento **melancolía** cuando . . .
- Me resulta **tedioso** . . .
- Me siento **sereno** cuando . . .
- Siento **admiración** cuando . . .
- Siento amor si . . .
- Me siento **optimista** si . . .
- Me **decepciona** . . .
- Me da **remordimiento** cuando . . .

- Identificando emociones.
  - Objetivo: Reconocer emociones en expresiones faciales o en diversas situaciones.
  - Desarrollo: Tenemos dos opciones:
    - O bien mostrarles diferentes imágenes para que identifiquen distintas emociones.
    - O bien les damos diferentes emociones a nuestro alumnado para que la representen y el resto las averigüe.

Las imágenes se pueden obtener de páginas de internet de uso público o con una licencia similar, como en www.pexel.com, de donde es la siguiente.

Fotografía de Andrea Piacquadio de la plataforma Pexels.

- ¿Para qué sirven las emociones?
  - Objetivo: Descubrir que las emociones no son buenas ni malas y aprender su utilidad.
  - Desarrollo: Explicamos que las emociones tienen una finalidad que nos beneficia y otra que nos evade y perjudica y ponemos un ejemplo:
    - Si vemos un coche a toda velocidad hacia nosotros sentimos un miedo muy intenso y nos apartamos. En este caso, la emoción nos beneficia.

- Pero si estamos en la playa y vemos venir hacia nosotros una ola gigante, podríamos sentir un miedo que nos paralizase y entonces sufriríamos las consecuencias.

Después de estos ejemplos hacemos grupos de 4 personas y les invitamos a rellenar este cuadro que ellos y ellas mismas pueden elaborar con situaciones que nos pueden beneficiar y otras que no. Entregamos pocas emociones por grupos para que pongan varios ejemplos.

EMOCIÓN: TRISTEZA	
Tristeza beneficiosa	Tristeza perjudicial

Figura 9: Ejemplo de cuadro de emociones para rellenar por el alumnado.

A continuación, os dejamos varias situaciones resueltas por si se quedan sin ideas:

	Beneficiosa.	Perjudicial.
TRISTEZA	- Te han dado una mala noticia y lloras para desahogarte.	- Cada vez que te acuerdas de que estás repitiendo curso te pones a llorar. No te ayuda porque te ancla en el pasado.
ALEGRÍA	- Tu hermana te cuenta que tiene novio y te pones muy contenta. Estás compartiendo algo bueno.	- Ves que se meten con alguien diciendo algo gracioso y te ríes de esa situación. Así te pones del lado de quien se burla.
MIEDO	- Caminas por un puente sin barandillas con miedo y te hace ser más cuidadoso/a.	- Te da miedo dormir fuera de casa y eso te impide disfrutar de otros lugares.
ENFADO	- Observas un conflicto en la tele y te enfadas. Esto te puede llevar a defender al inocente.	- Tu hermano te grita varias veces, te enfadas, pierdes el control y le agredes.

ASCO	- Sacas una verdura del frigorífico y huele mal. Te da asco y la tiras. Te has librado de ponerte enfermo.	- Ves un queso y sientes asco porque te recuerda a los ratones. Esto te impide disfrutar de ese alimento.
SORPRESA	- Entras en casa y te han preparado una fiesta que no esperabas. Te sorprendes, te alegras de ver a tantos amigos y amigas y disfrutas	- Te dan un suspenso de una asignatura que esperabas aprobar. Te has llevado una sorpresa que te deja bloqueada.
VERGÜENZA	- Vas a una prueba de teatro y te da vergüenza. Esto te hace estudiarte muy bien el papel para hacerlo genial.	- Te halagan en una conferencia y te da tanta vergüenza que bajas la cabeza y haces como si no estuvieras.
CULPA	- Has discutido con tu pareja y te sientes culpable. Vas y hablas con él para reconciliarte.	- Imaginas qué ocurriría si hicieras algo malo y te sientes culpable, aunque no lo hiciste. Tienes un malestar continuado muy desagradable.
TEDIO	- Estás tan cansado de trabajar en una hamburguesería que el tedio te empuja a buscar otro trabajo mejor.	- Estás viendo un partido de fútbol con tus amigos, pero es muy malo y aburrido. Sientes tedio y pensar solo en el fútbol te hace perder los momentos de amistad.
CONFIANZA	- Tu maestra te da buenos consejos ante una dificultad, sientes confianza, le haces caso y se soluciona tu problema.	- Unos amigos te invitan a experimentar con droga. Como confías en ellos la pruebas y te vuelves adicto.
AMOR	- Cuando toco la guitarra me invade una sensación de amor que me lleva a ser músico.	- Tu madre te ama tanto que no deja que hagas nada por ti mismo y siempre te está ayudando, convirtiéndote en un ser dependiente e inútil.
OPTIMISMO	- Te levantas con optimismo y haces un examen estupendo.	- Tiras los dados, sacas 7 y ese optimismo te lleva a apostar dinero. Empiezas a ser esclavo del juego.

8

Utiliza la psicología positiva

«El en fondo son las relaciones con las personas
lo que da sentido a la vida».
Guillermo de Humboldt

QUÉ HACER

Hay una rama de la psicología que no busca en el DSM[34] el diagnóstico de una persona, sino que pone en valor sus fortalezas personales: la psicología positiva.

Es un complemento fantástico a la costumbre que tenemos las personas de buscar la mota de polvo en el ojo ajeno que además necesitamos quitar (aunque a veces saquemos el ojo), poniendo en valor tanto las cualidades como la energía y el empuje de las personas, bondades estas de las que se puede sacar un noble partido.

Martin Seligman, portavoz de esta rama de la psicología, piensa que robustecer esas 24 fortalezas personales[35] puede amortiguar las dificultades de las personas y nos hacen, por tanto, más felices.

---

[34] El DSM es el Manual Diagnóstico y Estadístico de los Trastornos Mentales (en inglés Diagnostic and Statistical Manual of mental disorders) publicado por la American Psychiatric Association, donde aparecen los criterios diagnósticos de los trastornos mentales ampliamente aceptados catalogados en diferentes códigos.

[35] Las 24 fortalezas del carácter están agrupadas en 6 virtudes: CORAJE, HUMANIDAD, TRASCENDENCIA, TEMPLANZA, JUSTICIA y, por último,

Está claro que si tanto el profesorado como el alumnado (así como las familias y el ser humano en general) conociéramos nuestras fortalezas personales y las trabajásemos de forma habitual, seguramente nuestros centros educativos serían instituciones más positivas que tendrían una mejor predisposición a desarrollar una forma de educar de tal índole y calidad que favorecería la vida de todas las personas que conforman la comunidad educativa y se podrían así prevenir muchas actitudes contrarias a la convivencia como el desorden emocional, la falta de comunicación o la irresponsabilidad.

Lo primero es conocer estas fortalezas para poder trabajarlas. Por suerte hay un test gratuito que es totalmente válido y está disponible en www.viacharacter.org a partir del cual se pueden empezar a trabajar dichas fortalezas.

Trabajarlas nos traería algunos beneficios como una mayor probabilidad de desarrollarse como persona, unas mejores relaciones de pareja más satisfechas y con mayor compromiso, unos mejores resultados en el trabajo en lo relacionado con la satisfacción laboral y productividad (e incluso valorar el trabajo como una vocación), un aumento de nuestra perseverancia y esfuerzo (*grit*) y, por tanto, una mejora general del bienestar personal y, por ende, de los que están a nuestro alrededor.

Muy bien, si ya las conociéramos ¿cómo las podríamos utilizar?

Pues vamos a sumergirnos en ellas y a darles un pequeño giro para sacarles partido en nuestra vida personal y en la escuela analizándolas desde las 6 virtudes en las que se agrupan:

1. Sabiduría y conocimiento.
    - Creatividad. Una persona creativa suele tener ideas originales y las aplica siempre que puede.
    - Curiosidad, en el sentido de querer conocer cosas nuevas y tener nuevas experiencias.

SABIDURÍA Y CONOCIMIENTO.

- Apertura mental o búsqueda de otros puntos de vista alternativos a los propios.
- Amor al aprendizaje. Se trata de buscar un conocimiento más profundo.
- Perspectiva o una visión amplia de las posibilidades que hay en una situación.

2. Coraje.
   - Valentía que enfrenta la adversidad y confronta los miedos.
   - Perseverancia. Una persona perseverante acaba con la tarea que tenga a pesar de las dificultades.
   - Honestidad, es decir, integridad y autenticidad.
   - Vitalidad. Son personas que muestran entusiasmo y energía.

3. Humanidad.
   - Amor. Capaz de mostrar afectividad y calidez recíproca.
   - Bondad. Persona que ayuda desinteresadamente.
   - Inteligencia social que hace que sepas lo que los demás buscan y desean.

4. Justicia.
   - Trabajo en equipo. Sabe colaborar con el grupo y es participativo.
   - Justicia. Procura oportunidades iguales para todos.
   - Liderazgo. Influye positivamente en otras personas.

5. Templanza.
   - Perdón. Es una persona que da otra oportunidad cuando alguien comete un error.
   - Modestia. No presume de sus logros, sino que deja que ellos muestren quién es.
   - Prudencia. Se consideran los pros y contras de una situación.
   - Autorregulación. No se deja llevar por los impulsos.

6. Trascendencia.
   - Apreciación de la belleza y excelencia, es decir, que valora las cosas de la vida.

- Gratitud. Se siente agradecido y lo manifiesta.
- Esperanza. Espera algo mejor y procura hacerlo realidad.
- Humor. Encuentra motivos para la diversión y la risa, también con los demás.
- Espiritualidad. Conecta con el sentido sagrado y trascendente de la vida.

Bueno, la verdad es que cuando terminas el test, hay un pequeño número de fortalezas que destacan o de las que tienes más carencias y el grueso suele estar en equilibrio. Es decir, la típica campana de Gauss[36] que está hasta en la sopa. Esto quiere decir que, prestando atención a un número no demasiado grande, podremos obtener cada vez mejores resultados. Y ¿cómo? Te cuento algunas ideas:

- Lo primero que puedes hacer es echar un vistazo atrás y **meditar** sobre los momentos en la vida en los que usaste una determinada fortaleza. Por ejemplo, si has obtenido una puntuación alta en *perdón*, considera las veces que has perdonado o cómo lo has hecho, piensa si realmente es algo que valoras y que te hace más tú mismo. De ese modo, podrás ser más consciente de utilizarla cuando tengas oportunidad.
- En segundo lugar, puedes **contemplar** en las personas que tienes a tu alrededor alguna de esas 24 fortalezas que, tal vez, tienen una menor puntuación y ver cómo las utilizan, de qué forma las emplean para ser más ellas mismas y tal vez puedas aprender algunas cosas. Por ejemplo, observa cómo ese maestro que tanto admiras es capaz de trabajar en equipo con fluidez y viendo cómo lo hace, podrás aprender algunas pautas que te permitan mejorar tu fortaleza.

---

[36] En estadística, una rama de las matemáticas, la campana de Gauss alude a la representación gráfica de una determinada distribución estadística (llamada «Normal») cuya forma recuerda a una campana y que sirve en multitud de estudios como los orbitales moleculares, la teoría cuántica o el procesamiento digital de imágenes.

- Otra cosa que se puede hacer es hacerle saber a esas personas de quienes percibes alguna fortaleza del carácter en la que destacan, cuánto **admiras** la energía que se advierte en ellas. El efecto positivo que genera va a repercutir también en ti mismo.
- Escribe en una pequeña libreta, a modo de **diario de fortalezas**, cómo percibes que utilizas cada una de ellas a lo largo de los días. Es una excelente forma de ver qué efecto tienen en ti y en los demás y te ayudará a tomar conciencia de ellas, lo cual es fundamental para poder mejorar sus resultados positivos.
- Habla de tus fortalezas con tus amigos o familiares más cercanos y trata de averiguar con ellos cuáles son **las más características** en tu entorno, en tu familia, en tu trabajo y cómo se expresan en cada uno de esos marcos. Es posible que descubras cómo algunas fortalezas fluyen en determinados grupos de personas cuando estas conectan de alguna forma.
- Si quieres mejorar una fortaleza en concreto, puedes **planificar** la forma de hacerlo: cuándo sacarla a la luz, de qué forma, etc. Si, por ejemplo, quieres trabajar la perseverancia traza un plan con pequeñas metas que puedas ir consiguiendo para, cada vez más, mejorar tu empeño y gusto por ser cada vez más tenaz.

Pero este es solo uno de los tres aspectos que, según Seligman, compondrían la psicología positiva. Otro de ellos es el estudio de las *emociones positivas* y finalmente, el tercero, lo que concierne a lo que él llama, las *organizaciones positivas*[37], aunque en la primera década del siglo XXI, Christofer Peterson añadía una cuarta dimensión: *la de las relaciones positivas*.

En cuanto a las *emociones positivas*, no nos referimos a sentir amor profundo o libertad inspiradora ¡qué emoción!, pues ya nos hemos re-

---

[37] Respecto a las *organizaciones positivas*, son organizaciones que han implementado prácticas de intervención positivas para mejorar el bienestar de sus empleados, sobre todo en el ámbito de la salud tanto a nivel colectivo (como con la indagación apreciativa) como en el individual (*mindfulness*). ¿Y en la escuela? El proyecto Aldeas Felices incluye el *mindfulness* en su programa, entre otras cosas.

ferido anteriormente a que las emociones no son en sí mismas positivas o negativas (en lo adaptativo, el miedo puede ser muy positivo de verdad), sino a las que consideramos positivas en cuanto que generan una sensación agradable, pues estas son las que producen en nuestro cerebro muchos efectos positivos como la mejora de la capacidad de resolver problemas, el aumento de la creatividad o la mejora de la capacidad de resistir al dolor[38], entre otras, y, además, parece ser que, al favorecer la flexibilidad, se puede ayudar a la persona a generar recursos a medio y largo plazo lo cual nos interesa para que nuestro alumnado encienda las luces largas y aprenda a ver más allá de lo inmediato.

Autoconocerse para identificar las emociones positivas y las que no lo son (ya puedan ser neutras como la sorpresa o las que nos producen sensaciones negativas como el asco) es un primer paso para el manejo de las emociones positivas (y de todas en general), y es posible a través de la reflexión. Sí, vamos mal, lo entiendo, pero favorecer espacios de reflexión es algo necesario si queremos que nuestro alumnado también aprenda a reflexionar. A veces no viene de fábrica el botón de la reflexión conectado, pero basta pulsarlo en momentos concretos para que se ejecute el programa adecuado y la cosa empiece a fluir. El caso es que hay que promover la expresión de las emociones positivas en clase, pero el previo es que sean conscientes de esa emoción positiva que tienen; el reto es doble: saber que les pasa «algo» (emoción) agradable (positiva), ponerle nombre a la criatura y, por último, expresarlo de forma adecuada. Pero ¿y cuando la emoción no es positiva[39]? Podemos recurrir a algunas estrategias para amortiguarlas:

- La respiración abdominal (¿pero hay otra?). Se realiza con el diafragma, es más profunda y oxigena mejor la sangre. Además, disminuye el ritmo cardíaco y favorece la relajación mental.

---

[38] Se puede consultar el libro *Optimismo inteligente. Psicología de las emociones positivas*, de María Dolores Avia y Carmelo Vázquez.

[39] Porque las emociones negativas llegan solitas en la vida, pero las positivas hay que «currárselas» y, como dice Bisquerra, «hay que aprenderlas».

Cuando inspiramos, el diafragma desciende, se contrae y ayuda a que el aire entre en la parte más profunda de nuestros pulmones. Al expirar, el diafragma se relaja y deja salir el aire de forma natural. Se puede enseñar fácilmente y se experimenta, nada más al pensar en respirar de esta forma, cómo se corta el «flujo» de pensamientos preocupantes.

• La relajación física. Cuando estamos intranquilos y tensos, enviamos a nuestro cerebro el mensaje de que no estamos tranquilos y se puede llegar a generar ansiedad. Si logramos un cuerpo relajado, se reduce la tensión y se envía un mensaje incompatible con la ansiedad. Para ello podemos apoyar los brazos contra una pared, adelantar una pierna flexionada y dejar la otra estirada detrás de la primera. Seguramente entran ganas de empujar, pero como no se puede hacer indefinidamente, al dejar de hacerlo, se consigue esta relajación física. Después nos podemos tumbar con las rodillas flexionadas y respirar con los ojos cerrados.

• Control del pensamiento. Muchas veces sucede que la emoción que aflora en una situación es fruto de la interpretación que damos a algo que nos sucede, pero que no es lo que nos sucede propiamente dicho. Esta representación está mediada por los pensamientos que tenemos respecto de lo que nos ha sucedido. A veces nos surgen pensamientos deformados o distorsionados que nos producen emociones negativas; esto se denomina *distorsión cognitiva* o también *pensamientos automáticos* y se traducen como unos «diálogos internos» con nosotros mismos que hacen que puedan formar «versiones» de la realidad totalmente subjetivas y falsas que nos incomodan. Para afrontar algunas de ellas, podemos tomar varias alternativas según lo que vemos que se manifiesta en nuestro alumnado:

   – Preguntarles «¿esto es realmente así?» si la distorsión solo le deja ver un aspecto de la situación (pensar por ejemplo que la situación en la clase es horrible o insoportable o perfecta). Si se pregunta también al resto de la clase (o al resto del profesorado), por ejemplo, se pueden obtener otros puntos de vista que ayuden a afrontar esta distorsión.

- La frustración de algunos alumnos con las buenas notas los lleva a pensar que, por debajo de una cierta calificación, nada tiene sentido. Hay que ayudarles a buscar grados intermedios si su percepción está polarizada en dos extremos (por ejemplo, pensar que si no tiene éxito es una inútil). En este caso, habría que profundizar en qué es el éxito para esa persona y plantear que si algo no sale como me gustaría, significa que puedo mejorar alguna cosa, pero también que seguramente habré hecho muchas cosas bien para llegar a donde he llegado.

- A veces algún alumno o alumna suspende un examen y tiene el pensamiento de «**Nunca** voy a sacarme la ESO». Esta sobregeneralización está acompañada por palabras como «nunca», «siempre», «todo» o «nadie» y se puede abordar con cuestiones como ¿cuántas veces has oído que esto que dices ha ocurrido?, ¿qué pruebas tienes para sacar esa conclusión? También puedes hacer que participe la clase preguntando por lo contrario, esto es, ¿conocen algún caso que demuestre que esto no es cierto?

- En otras ocasiones, alguno de nuestros alumnos o alumnas nos cuentan que fulanito lo miró de una forma que le hace saber que estaba pensando mal de él o ella. Es el momento de preguntarle por las pruebas o si hay alguna manera de comprobar si lo que dice (que piensan mal de él o ella) es cierto. Lo que ha sucedido es que se ha proyectado sobre otra persona los pensamientos o sentimientos del agraviado. Hay que contrarrestarlo para que no surjan los terribles malentendidos.

- «Me duele la cabeza maestro ¿y **si** tengo un tumor?». Bueno, esta visión catastrófica sucede en clase y uno tiene que estar preparado. «¿Te ha dolido antes la cabeza? ¿Y qué ocurrió entonces?». Seguramente que se le pasó al rato. Hay que tranquilizar a nuestro alumnado porque las posibilidades de que esto suceda no son muchas. Incluso si le doliera más veces habría que descartar algunas otras causas más usuales antes como el cansancio, el estrés o el cambio de tiempo.

- Hay un tipo de pensamiento negativo que a veces nos incumbe al profesorado: la falacia de control. Esta forma de pensar nos hace totalmente responsables de lo que nos ocurre en clase («como soy el tutor, si la clase es un caos es por mi culpa») o, en el extremo contrario, nos puede hacer pensar que la solución no está en nuestra mano sino en la de los demás (o sea, en el alumnado: «si los niños y las niñas no cambian de actitud, yo no puedo hacer nada»). Ambas situaciones nos inmovilizan y no son reales. Para neutralizar esta manera de pensar hemos de analizar de forma equilibrada lo que sucede en clase y ver lo que depende de mí y lo que depende de mi alumnado y preguntarme si es cierto que lo que me sucede es responsabilidad mía solamente o únicamente de mi alumnado. Es decir, pisar el suelo.

- Y hay otro tipo de pensamiento que es la falacia de justicia, típicamente del alumnado: «¡No **hay derecho** a que me suspendan!», y sucede cuando lo que desean no coincide con la realidad. Expresiones del tipo «Es injusto que . . . » o «Si de verdad tal, entonces cual» nos dan la pista. Para rebatirlo, basta preguntar a los demás de la clase cuáles son sus deseos y preguntarles «si las cosas no son como deseo, ¿son injustas?».

- También sucede a veces que un pensamiento automático nos genera malestar porque pensamos que nuestro bienestar depende exclusivamente de los demás. Esto nos ocurre claramente tanto al profesorado como al alumnado. Me explico. Algunos chavales piensan: «Mientras sea José Luis mi profe de matemáticas no voy a aprobar en la vida». En este caso, parece que su «bienestar académico» depende de ese profesor. Pero es que a veces nos puede ocurrir a los maestros o maestras que pensemos «Si cambiara la ley de educación yo podría enseñar de verdad» o «La clase de 4ºB mejorará solo si expulsamos a Julia un mes». En el primer caso, podemos preguntar al alumno si él podría hacer algo para cambiar la situación (no solo depende la cosa de un profesor concreto), y en los otros casos cabe preguntarse, además, ¿qué pruebas tengo de que el cambio depende solo de eso? Otra falacia.

- Por último, traemos aquí los «deberías». Algunas personas son muy rígidas en su forma de pensar cómo se debe actuar (tanto ellas como los demás) y si alguien no cumple esas normas o ella misma las trasgrede, se sienten mal. Por ejemplo, una maestra se enfada constantemente porque ve que su alumnado no hace las tareas que ella les manda y piensa «Deberían hacer las tareas», pero este pensamiento, si se queda aquí, le impediría revisar la manera en que hace las cosas, el tipo de tareas que manda, qué sucede para que no le hagan caso, etc. Para superar esta manera de ver las cosas habría que flexibilizar esas normas internas y aceptar que a veces se puede, por ejemplo, aprender sin hacer las tareas o en general, que las cosas no son tan graves cuando no son como yo digo que deberían de ser (también vale la expresión *tienes que. . .*).

En lo referente a las *relaciones positivas*, Chris Peterson es de la opinión de que todo lo que contribuya a que mejoremos las relaciones con las personas que están en nuestro cotidiano, nos hace más felices. Esto lo tenemos que apuntar los maestros y maestras en la puerta de la escuela y leerlo conscientemente, pues en el binomio alumnado-profesorado, nosotros somos los adultos y hemos de ser proactivos. Y es que interaccionar con los demás nos «salva» de la soledad que tanto nos abruma en esta época de dispersión, puesto que la compañía es un factor determinante a la hora de superar, por ejemplo, la tristeza (ya lo habrás experimentado cuando estás con tu familia o con tus amigos) y muchas veces en nuestra escuela observamos que hay niños y niñas solos en el patio, en clase (aunque estén rodeados de personas) y hemos de ser nosotros y nosotras los que tomemos la iniciativa para ayudarlos a salir de ese estado que les puede llevar incluso a la depresión. ¿Cómo? Interactuando con ellos: preguntándoles cosas sencillas tales como su salud, haciéndole algún comentario agradable sobre su aspecto o iniciando una pequeña conversación. Aunque sean cinco minutos, podemos hacer mucho.

Y hay algunas estrategias de clase que favorecen que el alumnado se relacione, como el *aprendizaje cooperativo* que es una apuesta educativa por cumplir el lema de los tres mosqueteros: «Uno para todos y todos para uno» y romper así el individualismo y la falta de comunicación que hace que muchas veces nuestro lema sea «Todos para mí y yo para ninguno».

El aprendizaje cooperativo tiene mucho que ofrecer en este sentido pues no solo es un *recurso* para aprender sino un *contenido* a aprender, es decir, una forma de hacer las cosas que, siendo transversal, no se explica en ningún ámbito de conocimiento. Este tipo de aprendizaje ofrece muchas oportunidades de interactuar de forma positiva entre el alumnado y con el profesorado y favorece las relaciones positivas entre todos. No es algo sencillo de explicar, pero sí que os recomiendo que os forméis con vuestro centro en sus ámbitos de actuación y conozcáis las estructuras y técnicas cooperativas para que, además, el alumnado aprenda a autogestionarse y el aprendizaje se convierta en una forma de trabajo participativa que permite que todas y todos aprendan.

Hay otros aspectos de los que se ocupa la psicología positiva, además de las que hemos nombrado y visto, como es *la felicidad* o *el bienestar* que tiene, según este tipo de psicología, varias vertientes:

- El bienestar subjetivo[40] (explicado por Martin Seligman) tiene 5 ingredientes que son las emociones positivas, el *flow* (absorción y dedicación), las relaciones positivas, el sentido y el logro.
- El bienestar psicológico (desarrollado por Carol Ryff) tiene 6 dimensiones que son el control ambiental, el crecimiento personal, el propósito en la vida, la autonomía, la autoaceptación y las relaciones positivas con los demás.
- El bienestar social (sugerido por Corey Reyes) con, según su autora, también 5 ingredientes que serían la coherencia social, la

---

[40] Seligman, M. (2011). La vida que florece.

integración social, la contribución social, la actualización social y la aceptación social.

La felicidad es lo que toda persona humana desea en su vida (alumnado, profesorado, familias, personal del centro y cualquiera de cualquier cultura) y es, por tanto, un punto de encuentro muy importante a la hora de poner las bases de **una educación con sentido** (¡qué mayor sentido que dar sentido a la vida con la felicidad!). Otra razón por la que es importante es porque las repercusiones de la felicidad (o de la sensación de felicidad) en la salud mental y física son probadas y, además, repercuten notablemente en las relaciones sociales de la persona.

Parece ser que la felicidad no entiende de edad ni de sexo, es decir, que a cualquier edad[41] y con cualquier sexo[42] se puede ser plenamente feliz. Tampoco parece que el nivel económico[43] tenga algo que ver con ella (a menos que las necesidades básicas no estén cubiertas). Parece que el estado civil sí que tiene que ver, pero me parece que este no es el ámbito más correcto. Hay algo que sí que lo favorece y es el disfrute de las pequeñas cosas de la vida[44]. Y ahí sí que tenemos mucho que decir: hacer de la escuela un lugar donde se disfrute de las pequeñas cosas como ya hemos dicho (sonreír, saludar, ayudar . . .) y otras cotidianas que se van sumando a lo anterior como, por ejemplo:

- Crear un rincón de la calma: un espacio donde los estudiantes y las estudiantes puedan ir a relajarse y haya cojines, sofás, libros tranquilos, una música relajante, plantas . . . Y que este

---

[41] Stone, A. A., Schwartz, J. E., Broderick, J. E., & Deaton, A. (2010). A snapshot of the age distribution of psychological well-being in the United States. Proceedings of the National Academy of Sciences, 107(22), 9985-9990.

[42] Easterlin, R. A. (2003). Explaining Happiness. Proceedings of the National Academy of Sciences, 100(19), 11176-11183.

[43] Diener, E., & Seligman, M. E. P. (2004). Beyond Money: Toward an Economy of Well-Being. Psychological Science in the Public Interest, 5(1), 1-31.

[44] Quoidbach, J., Dunn, E. W., Petrides, K. V., & Mikolajczak, M. (2010). Money Giveth, Money Taketh Away: The Dual Effect of Wealth on Happiness. Psychological Science, 21(6), 759-763.

rincón esté también disponible en versión profes con libros de su interés y disponibilidad para ellos.

- Recreos activos: es una iniciativa que se hace en muchos sitios y favorece la liberación del estrés del alumnado. Serían actividades físicas durante el recreo como deportes, juegos, etc.
- Pequeños talleres de nutrición, meditación, actividades de cohesión de grupo . . . que ayuden a mejorar el bienestar general.
- Favorecer la amabilidad: inventar una campaña en la escuela para que los chicos y chicas hagan pequeños actos de amabilidad como fomentar la ayuda mutua, intercambiar notas positivas, subir y bajar de forma tranquila y ordenada . . .
- Verde que te quiero verde: poner macetas en todas las aulas y que el alumnado de cada aula se preocupe de cuidarla. Se podrían plantar un día en clase, aprender a regarlas, etc.
- El Club de . . . : crear un club según los intereses del alumnado como música, artesanía, dibujo, ciencia, lectura, etc., para favorecer la socialización y crear grupos de apoyo.
- Charlas y talleres: con temas como la gestión del estrés para el profesorado, salud mental para el alumnado y profesorado, equilibrio entre vida laboral y personal para todo el personal docente, etc.
- *Non homework weekend*: que el centro escolar adquiera el compromiso de evitar mandar tareas durante los fines de semana para permitir que tanto el alumnado como el profesorado puedan descansar.
- Celebrar los logros: celebrar las ocasiones especiales de la comunidad escolar como los aniversarios, los días festivos, jornadas de convivencia iniciales y finales con actividades que involucren a toda la comunidad educativa.
- Kits de bienestar: elaborar pequeños paquetes que incluyan te, snacks saludables e incluso fruta para que el profesorado tenga un pequeño momento para cuidarse.

La psicología positiva nos brinda muchas más posibilidades como bucear en el optimismo, la resiliencia, el *flow*, programas de intervención en diversos problemas, pero esas cuestiones tal vez las podemos dejar para otra ocasión, ¿os parece?

CÓMO HACERLO

Os voy a hacer una presentación del aprendizaje cooperativo, pero si hacéis el compromiso de luego recibir una formación más profunda sobre el tema, porque es algo más complejo de lo que os puedo contar en unas pocas hojas. ¿Seguro? ¿Sí? Bueno, entonces os cuento alguna cosa.

Este tema es uno de los que veo más transversal a todo lo que estamos haciendo aquí, pero también os digo: es ideal utilizarlo todo el centro educativo porque si solo lo utilizas tú no tiene tanta repercusión en el alumnado ni es tan eficaz. Así es el niño. ¡Qué le vamos a hacer!

Lo cooperativo no es igual a lo colaborativo. No. Colaborar proviene de *co-laborare*, es decir, *laborare cum* o *trabajar juntamente con* en el matiz que estás pensando. Sin embargo, cooperar proviene de *co-operare*, o sea, *operare cum*, que, aunque *operare*, también significa trabajar tiene el matiz de *ayuda, interés, apoyo*, luego cooperar es más bien *ayudarse, apoyarse mutuamente, interesarse uno por otro*, que no es exactamente lo mismo.

La cooperación tiene dos vertientes:

- El trabajo cooperativo es **una manera de aprender**, es decir, una serie de técnicas, herramientas, forma de ocupar el espacio, etc., que nos permiten aumentar los conocimientos que tenemos.
- Pero también es, en sí misma, **una forma de hacer las cosas** que nos permite compartir lo que tenemos, lo que somos, lo que sabemos, lo que vivimos . . . , en definitiva, una manera de estar en el mundo.

Las personas que aprenden a cooperar tienen más el espíritu de *ubuntu*, es decir, hacemos por llegar todos a la meta porque no es una cuestión individual, aunque caben, por supuesto, las diferencias individuales. Y la riqueza que supone que el éxito personal pasa por el éxito del grupo no es un escollo para el aprendizaje individual sino un estímulo que nos brinda oportunidades de interactuar de forma positiva, de pedir y ofrecer ayuda de manera sana y natural y una manera de *educar* (¡otra vez esa palabra!) que nos engrandece como personas humanas.

La cooperación, desde el punto de vista más extendido (porque hay otros) se compone de un primer trabajo de cohesión de grupo, un aprendizaje de las herramientas básicas (*estructuras cooperativas*) que están vacías de contenido y se adaptan a cualquier materia (algunas con más sencillez que otra), pues son formas de trabajar y una manera sistemática y explícita de trabajar en equipo (es decir, trabajo en equipo como contenido transversal) que dará ese toque genuino que tiene el trabajo cooperativo.

El trabajo de cohesión de grupo lo hemos tratado con anterioridad, así que solo diré que se puede efectuar no solo con técnicas concretas, como hemos visto, sino en asambleas de clase, en momentos puntuales de reflexión, aprovechando situaciones que se den en clase, haciendo alguna tarea juntos que ayude a dar solidez al grupo-clase, con celebraciones, etc. También se pueden contar historias que hablen de lo importante de lo cooperativo como *La pelea del cuerpo*, de Anthony de Mello que puede encontrarse en Internet[45] y, además, con actividades, u otras actividades clásicas como *Mis profesiones favoritas*, que nos hacen descubrir el valor del trabajo en equipo.

Una vez se tiene un grupo-clase más o menos cohesionado se trata de utilizar «algo» que nos asegure la participación equitativa de todos/as y la interacción simultánea entre ellos en el momento que trabajan en equipo. Y eso es lo que se llaman *estructuras cooperativas*. Son pequeñas experiencias positivas de trabajo en equipo que permiten al alumnado comprobar que hay maneras agradables y eficaces de hacer las cosas ayudándose y al maestro o maestra le facilitan la vida y, además, cuando la revisten de contenido la convierten en una actividad de aprendizaje. ¡Tachan! La verdad es que suena genial. Y así es.

---

[45] https://bama.org.ar/sitio2014/sites/default/files/_archivos/merkaz/Jomer_on_line/tishabeav_peleadelcuerpo.pdf

Las hay sencillas, las *estructuras cooperativas simples*, que pueden ser básicas, específicas o derivadas y las hay más complejas, llamadas *técnicas cooperativas*.

Estas estructuras se llevan a cabo en lo que se llaman «equipos base», que son pequeños grupos de 4 o 5 personas en los que se trata de plasmar en cada uno de ellos, la homogeneidad de la clase en todos los sentidos: niveles de conocimiento, diversidad funcional, distintos géneros, etc. En estos equipos base hay unos roles bien diferenciados que suelen ser 4 diferentes, aunque se pueden extender de forma que todas las personas tengan una responsabilidad concreta y específica. Los más habituales son:

- Coordinador o coordinadora. Modera las actividades, es decir, controla que se sigan los pasos de la estructura utilizada y que no se pierda el tiempo.
- Secretario/a. Persona encargada de gestionar las notas que se tomen como equipo (como, por ejemplo, un cuaderno donde se escribe qué se hace) o de custodiar los documentos del grupo. Toma nota de los acuerdos, tareas, etc., del equipo.
- Portavoz. Representa al equipo siendo su voz y controla que el volumen sea adecuado. Pregunta las dudas al profesorado.
- Moderador/a. Gestiona el tiempo y los materiales del Equipo. Controla que el equipo esté limpio y ordenado.

A estos cargos se pueden añadir otros como *ayudante* en el caso de que alguien necesite una ayuda especial, *supervisor/a* para que los componentes anoten en sus agendas lo necesario, no se dejen material en clase, etc., y, en definitiva, cualquier responsabilidad que sea necesaria en el grupo-clase.

Las estructuras cooperativas no se pueden utilizar todas a la vez porque sería un caos. Hay que irlas enseñando poco a poco con alguna actividad fácil y cuando se conoce bien, añadir otra y así sucesivamente. Cuando se quiere implementar con alumnado de primaria, es muy útil asociar a cada estructura cooperativa un dibujo o icono que les sirva para identificarlas. Así, cuando se va a utilizar y ya la conocen, si no recuerdan bien cuál es por el nombre, lo pueden recordar por el dibujo.

Las estructuras simples *básicas* más conocidas explicadas de forma sencilla son:

- Lectura compartida.
  - Cada miembro del grupo base leerá un párrafo por turnos.
  - El siguiente lo resume o explica y los otros verifican si es o no correcto.
  - Quien lo ha resumido pasa a leer y así sucesivamente hasta que el texto esté leído completamente.
  - Si hay una palabra o expresión que no entiende el grupo, se busca en el diccionario y si no, se pregunta al grupo-clase. Si aun así no se sabe, lo aclara el o la maestra.

- Estructura 1 – 2 – 4
  - Cada miembro del grupo base responde a una pregunta planteada individualmente (1) por escrito.
  - Después, en parejas (2) comparan sus respuestas y llegan a una conclusión común.
  - Finalmente, el equipo (4) ha de componer, entre todos, la respuesta más adecuada a la pregunta.

- El folio giratorio.
  - A cada equipo base se asigna una tarea (o a todos la misma): listado, redacción, ideas previas, frase, resumen . . .
  - Un miembro del grupo base escribe una aportación y lo pasa al siguiente (el folio «gira») hasta que todos/as participan.
  - Se termina con el tiempo dado o cuando no se aportan más ideas.

- Parada de tres minutos.
  - Para favorecer que pregunte el alumnado que no suele hacerlo, tras una explicación del profesorado, se dejan 3 minutos (aprox.) para que el equipo-base piense varias preguntas o dudas que luego ha de plantear.

- Los portavoces por turno plantean las preguntas y el profesor/a contesta todas descartando las repetidas.
- Este proceso se puede repetir varias veces a lo largo de la explicación.

- Lápices al centro.
  - Se reparten tantas cuestiones como personas (o múltiplo) tenga el equipo-base.
  - Cada integrante lee su pregunta en voz alta y la responde en primer lugar. El resto opina, completa, expresa su opinión por orden.
  - Entre todas las personas deciden la respuesta adecuada y se verifica que todos lo tienen así apuntado.
  - Mientras se discute sobre la cuestión, los lápices están en el centro de las mesas indicando que es hora de escuchar y opinar. Después se vuelven a coger para escribir la respuesta.
  - A continuación, se hace igual con la siguiente cuestión.

También os recomiendo utilizar alguna de las *específicas* como estas:

- El número.
  - Cada miembro del equipo-base tiene un número asignado.
  - Cuando se termina una tarea que ha puesto el maestro o maestra, se extrae un número al azar.
  - Todos los que tengan ese número saldrá a explicar la tarea que han realizado o se la enseñarán al maestro o maestra para que la evalúe.
  - Si es correcta, reciben una recompensa (aplauso, estrella, punto...).

- Uno por todos.
  - Se asignan diferentes tareas a cada equipo-base.
  - Cuando se termina el tiempo asignado, se elige una libreta al azar de un miembro de cada equipo-base.

- Se evalúa y esa nota en el criterio se pone a todos los miembros del grupo.

- Cadena de preguntas.
  - Cada equipo-base piensa durante 3 minutos una pregunta sobre el tema o los temas estudiados.
  - El primer grupo hace la pregunta al segundo que habrá de responderla. Después este grupo hace su pregunta al tercero, etc.
  - Si una pregunta está repetida, se salta al siguiente grupo. Después se repite preguntando en orden inverso.
  - Cada grupo tiene un portavoz que pregunta y otro que responde para que participen más personas.

Y, para terminar, os pongo un par de estructuras *derivadas*:

- La sustancia.
  - Con las ideas principales de un tema trabajado («la sustancia»), cada persona de un equipo-base escribe una frase.
  - Después se enseñan en el equipo-base y se matizan o completan (o se descartan).
  - Cuando el equipo haya hecho estos pequeños «resúmenes» de cada idea principal, se ordenan y cada estudiante lo copia en su cuaderno.

- El álbum de cromos.
  - Cada miembro del equipo-base elabora en una cuartilla un «cromo» con texto y/o un dibujo de algo que más le haya gustado o llamado la atención de un tema concreto.
  - Con todos los «cromos» revisados por el equipo-base, se elabora un mural.
  - Después un portavoz del equipo-base explica a los demás grupos los «cromos» de su equipo.

Las técnicas cooperativas (como el *Jigsaw, los torneos (TGT)* o los *grupos de investigación*) son más complejas y exceden este anexo, pero en la bibliografía encontraréis referencias para poder profundizar en el tema, que ya os digo que es muy interesante.

Para finalizar esta parte os quiero remarcar que el trabajo cooperativo abarca enseñar a trabajar en equipo de forma sistemática y secuenciando el aprendizaje de forma que cada equipo base tenga conciencia de equipo y aprendan a autorregularse. No es fácil trabajar de esta manera: surgen conflictos entre los miembros de un mismo equipo, y entre los distintos equipos de una clase, algunos se desaniman y manifiestan que preferirían trabajar solos, etc., pero la práctica nos enseña que perseverando se consiguen grandes resultados. ¿Te animas?

9

Utiliza un enfoque restaurativo

> «La práctica restaurativa es una forma de
> pensar y ser, enfocada en crear **espacios seguros**
> para verdaderas conversaciones que profundicen la **re-
> lación** y creen **comunidades** conectadas y más fuertes».
>
> *Mark Vander Vennen*

QUÉ HACER

La práctica restaurativa, como su nombre indica, busca el bienestar de las personas mediante la *reparación*. En este enfoque es primordial *aceptar a la persona y rechazar el acto disruptivo* (en el caso de la disciplina restaurativa), promoviendo la *responsabilidad*, la *implicación* y el *compromiso* del alumnado. Es un proceso educativo que exige tiempo para su implementación porque *busca impulsar cambios en las personas*, y ya sabemos que cambiar hábitos o pensamientos (así como formas de afrontar la vida) es algo que cuesta más de lo que parece pues no solo interviene lo intelectual (a veces estando intelectualmente convencidos de algo, se obra de forma diametralmente opuesta como cuando sabemos lo importante que es luchar contra el cambio climático, pero ni siquiera reciclamos), sino otras esferas muy significativas de la persona como la voluntad. Además, los niños y las niñas, pero, sobre todo, los y las adolescentes, tienen otras formas de entender la vida distinta a la de las personas adultas...al menos a la mayoría de las adultas.

Para que ese cambio se produzca hay dos grandes motores: el miedo a las consecuencias que «fabrica» niños y adolescentes sumisos (modelo retributivo) y la motivación intrínseca, de la que hemos hablado antes, cuyos pilares son la empatía y el respeto y que nos producirá personas dispuestas a colaborar por un bien común (modelo restaurativo).

Pero para que estas prácticas se puedan llevar a cabo en un centro educativo es recomendable que, tras su puesta en marcha en el centro al menos como experiencia piloto, formen parte de las posibilidades con las que cuente la escuela o el instituto para afrontar los conflictos, es decir, *estén presentes* en el Plan de Convivencia y sean *conocidos* por el claustro del profesorado, así como que se *trabajen* en pequeños grupos de profesores y profesoras interesados *impulsados* por la dirección del centro y *apoyados* formativamente por el centro del profesorado correspondiente o quien la administración pertinente estime que corresponda. Son expresiones verbales muy importantes: estar presentes, trabajarse, ser impulsados y ser apoyados. Ahí es «na».

También es oportuno decir que algunas de estas prácticas no necesitan de un conflicto para que se lleven a cabo: se puede realizar, por ejemplo, un *círculo restaurativo* para la toma de decisiones del grupo frente a una cuestión determinada o también un *diálogo restaurativo* para que el alumnado tome conciencia de una situación concreta, vea las consecuencias y actúe para buscar alternativas reparadoras.

Las prácticas restaurativas las podemos englobar en tres niveles:

1. Los miembros del centro.

Las preguntas restaurativas son una manera de afrontar las dificultades relacionales que en el día a día pueden surgir entre las personas que formamos la comunidad educativa y en concreto entre el profesorado y el alumnado concreto de un grupo-clase. Es un lenguaje que favorece la comunicación y la resolución de pequeñas dificultades o conflictos leves como llegar tarde, no hacer las tareas, estar desmotivado, etc. Lo que se pretende es dar utilidad al diálogo profesorado-alumnado y mejorar las relaciones entre ambos.

Además, favorece que el alumno o alumna se pueda responsabilizar sin que haya que culparle y de ese modo poner en valor el error como una oportunidad de crecimiento. Esta manera de reflexionar, digámoslo así, no es para hacerla en el momento en el que se está en el ajo, como cuando un alumno llega tarde o una alumna no hace las tareas, sino después, en un momento oportuno que se ha de buscar para que sea más educativo (tal vez con una sencilla reunión o mediante el Aula de Reflexión anteriormente citado). También hay que valorar la necesidad de utilizarlo o no dependiendo, digamos, de la falta y de las veces que se produzca. Por ejemplo, una persona que llega un día tarde y se le pregunta la causa, y su respuesta es lógica y justifica el hecho no necesita de un diálogo restaurativo, pues seguramente no volverá a suceder y el hecho en sí ha quedado resuelto.

Las preguntas restaurativas son cercanas, directas y afectivas que se tratarían en esa entrevista con el alumno o alumna y exigen que, durante ese diálogo, utilicemos la escucha activa como herramienta fundamental que hace que el hablante (en este caso, el alumno o alumna) tenga certeza de que se le escucha.

Para llevarlo a cabo, el orden más o menos lógico de este diálogo guiado sería:

- **¿Qué ha pasado, según tu opinión, respecto a** (*se explica objetivamente el hecho en cuestión*)?
  Es una pregunta abierta que no busca juzgar al alumno o alumna, sino que lo anima a clarificar lo sucedido.

- **¿Qué pensabas en ese momento? ¿Cómo te sentiste?**
  Lo que pensamos influye en lo que sentimos y viceversa. Para abordar estas cuestiones al menos quien entrevista ha de estar formado en educación emocional, aunque lo ideal es que sea una persona que sepa gestionar sus emociones de forma adecuada. Esto garantizará que el alumno o alumna pueda recibir ayuda en caso de que no sepa o pueda expresar con claridad sus emociones.

- **¿A quién crees que ha afectado tu conducta y de qué forma?** Esta pregunta lo que busca es que el alumno o alumna tome conciencia sobre las consecuencias de lo que ha hecho en términos de personas y situaciones que genera o puede generar. Es una forma de promover la empatía en el alumnado pues nos pone en lugar del otro (compañeros y compañeras, maestros y maestras) y de tomar conciencia de cómo un hecho puede no solo afectar a uno mismo, sino que puede llegar a afectar incluso a su familia (en caso de que sea más allá que anecdótico). **¿Qué necesitas para que el daño[46] se repare?** (*o también podría ser*), **¿qué necesitas para resolver esta situación y que tanto tú como los demás podamos sentirnos mejor y salgamos adelante?**

En este punto podría ser interesante el uso de la CNV (Comunicación No Violenta vista en el cuarto capítulo), que nos ayuda a expresar las necesidades que tenemos según nuestra vivencia de los sentimientos que nos ha producido un hecho concreto.

Lo que se busca con esta pregunta es que se identifique no solo las necesidades del alumnado por él mismo, sino también las que pueden tener otras personas afectadas. Esta es una buena forma de situarnos para buscar diferentes alternativas y así llegar a una solución.

- **¿Cómo puedes dar respuesta a esas necesidades? ¿Qué podemos hacer para resolver la situación?** Para solucionar lo sucedido o reparar el daño, se puede guiar al alumno/a a que siga unos sencillos pasos: qué vamos a hacer y cuándo y cómo lo haremos. En esta búsqueda de soluciones, la responsabilidad compartida es clave si son varias las personas afectadas y la toma de decisiones también es una herramienta importante en esta parte del proceso, pues implica escoger la solución que se cree que es mejor.

---

[46] La noción de «daño» se refiere a cómo ha afectado una situación a una persona, lo que ha pensado y sentido que expresa en emociones como la ira, el dolor, el miedo, la frustración y que puede que la «desconecte» de otra u otras.

2. Prácticas restaurativas para la **gestión del conflicto**.

Entre las prácticas referidas a la gestión de los conflictos encontramos la *mediación* (cuando hay dos partes implicadas), las *reuniones restaurativas, conferences* o *conferencing* (cuando hay más de dos personas afectadas por un hecho) y los *círculos restaurativos* (que pueden afectar a una comunidad o a un grupo-clase).

- En una **mediación**, la persona mediadora es una persona formada en resolución de conflictos que busca la forma, mediante una serie de técnicas sencillas pero bien estructuradas, de que las *dos* partes del conflicto encuentren por sí mismas una solución y pacten llevarla a cabo.

  Hablar de esta técnica, como realmente de casi todo lo que contamos, exige una extensión que excede de lo que se pretende en este libro. A las personas que me llaman interesadas por el tema les animo a que realicen una formación sobre mediación escolar desde su centro del profesorado, con cursos que algunos centros del profesorado e incluso ayuntamientos ofrecen o invitando a algún especialista a su centro a que les enriquezca con esta técnica tan útil que, además, puede ser utilizada por el alumnado del centro haciendo de ella un arma poderosa en la lucha contra los conflictos, puesto que, para conflictos entre alumnos y alumnas, lo más eficaz es que sus iguales les ayuden a resolverlos: mismo lenguaje, mayor empatía, mejor conexión . . . son algunas de las ventajas que tiene una mediación con un mediador o mediadora que sea parte del alumnado.

Esta técnica se considera restaurativa en cuanto que empodera a los participantes ofreciéndoles un espacio y un tiempo adecuados donde es posible resolver un conflicto en el que las emociones, la escucha activa y el análisis de las necesidades de cada parte abren vías de reparación eficaces entre una persona agresora y una persona víctima.[47]

---

[47] En los procesos habituales de mediación, no tiene por qué haber una persona ofensora o agresora y una ofendida o víctima, sino que el con-

- Las **reuniones restaurativas** o *conferencing* son similares a la mediación escolar pero en ellas participan, además de la persona facilitadora, de una que identificamos como víctima y otra como ofensora, otras personas que sirven de apoyo a cada una de las partes y que enriquecerán el diálogo, base de todo el proceso, y las posibles soluciones al conflicto, por lo que necesita previamente una serie de entrevistas entre el facilitador y las partes implicadas además de otras personas que pudieran arrojar cierta luz al proceso. Es importante que la persona que cometió la falta concreta que se va a tratar se reconozca como ofensora de ese hecho. Es un punto de partida importante para que todo se pueda desarrollar de forma positiva y el proceso pueda ser realmente restaurativo.

En la sesión restaurativa, las personas participantes se sentarán en círculo de forma que, entre la persona encargada de llevar a cabo el proceso, el ofensor y la víctima, se sienten las otras personas que participen en el proceso.

Las reuniones restaurativas pueden ser informales o llevar un guion similar al siguiente:

- Presentación de los participantes.
- Centrar la reunión en el hecho concreto que la motiva.
- Se explican las normas básicas que rigen un diálogo entre personas, como son el respeto en los turnos de palabra y en las formas.
- Cada parte, por turnos, explica al círculo lo que sucedió siguiendo las pautas habituales de las prácticas restaurativas (hechos, pensamientos, cómo afectaron esos hechos, las emociones y las reacciones de otras personas como familiares y amigos).
- Después se preguntará a las personas de apoyo cuestiones similares referidas a ellos y ellas.

---

flicto puede haber surgido a raíz de una disputa, por ejemplo, en la que ambas partes han sido a la vez víctimas y agresor. En el enfoque restaurativo se utiliza la mediación, sin embargo, desde esta visión.

- A partir de entonces se busca una solución entre todos y todas que satisfaga a las partes.

Hay que recordar que en la reunión restaurativa no se trata de juzgar ni evaluar a la persona infractora del hecho que, recordemos, ya lo ha reconocido. Es más bien buscar una manera de afrontarlo que sea positiva para todas las partes. Tampoco hay que empecinarse en que las partes terminen siendo «amigos para siempre», pero sí procurar que las relaciones se puedan de alguna forma reconstruir desde el respeto mutuo.

Como en la mediación, la participación es libre y las partes deben tener al menos la voluntad de querer resolver lo sucedido. Hay que tener en cuenta que en este proceso en el que intervienen más personas que en la mediación, van a salir a la luz aspectos privados y tal vez muy personales que se pondrán encima de la mesa, por eso es muy importante que haya un profundo respeto hacia lo que las personas expresen y, más que evaluarlas, hemos de escucharlas activamente.

Una forma interesante de comenzar la sesión es pedirle a la persona concreta que provocó el incidente que empiece la reunión. Después la persona que sufre el percance y sus personas de apoyo, para dar la voz, en última instancia, a las personas de apoyo de la persona que origina el conflicto.

Si entre las personas que están en la reunión se encuentra alguien, digamos, neutro como un miembro del profesorado (como el tutor o tutora) o alguien de jefatura de estudios, también podría intervenir si se ve oportuno para expresar la postura del centro educativo y sus posibles aciertos o errores.

El enfoque restaurativo buscará, como es habitual en esta aproximación, una solución preguntando a las partes (primero a las personas implicadas y luego al resto de personas) qué necesitan y qué pueden aportar para que la situación se repare y se restablezca el respeto mutuo desde la propia dignidad de las personas.

A veces es posible que se establezca algún diálogo entre las personas que forman esta reunión restaurativa, pues pueden surgir distintos enfoques que a veces son complementarios y enriquecen a todos y todas o tal vez para puntualizar algún aspecto o aclarar alguna circunstancia. Hemos de procurar no intentar forzar soluciones, pues seguramente no se llevarán a cabo. Es más importante que las personas implicadas las acepten de buen grado, aunque a veces nos puedan parecer, a los demás, nimiedades o inconsistentes.

Es importante ser conscientes en todas las circunstancias pero en estos casos también, de la incidencia que las redes sociales pueden tener en este tipo de cuestiones, ya que a veces, por ejemplo, se dejan caer comentarios desafortunados en grupos de WhatsApp o Instagram, y son como desplumar un pollo en lo alto de una torre: las plumas recorren muchos metros y se meten en lugares insospechados y luego no es posible resarcir ese daño más que, en algunas ocasiones, enviando mensajes reparadores en las mismas redes donde se enviaron los primeros, y a veces ni así. Es fundamental, por tanto, ayudar a tomar conciencia de las implicaciones que a veces tienen nuestros actos; lo que se viene llamando libertad-responsabilidad.

Esta medida se puede utilizar en algunos casos extremos como es el bulling[48] cuando es solamente entre dos personas, como parte de las medidas que se pueden llevar a cabo en uno de estos casos, pero en situaciones de varias personas contra una no es aconsejable por el desequilibrio de poder tan grande que habría.

- Por último, los **círculos restaurativos** nos ofrecen la posibilidad de que todas las personas de un grupo-clase o parte de una comunidad educativa en la que se ha generado un conflicto, puedan sentirse escuchados y ofrecer su visión del conflicto para

---

[48] *En este caso, guiado por personas o profesionales restaurativos muy experimentadas en este tipo de técnicas.*

procurar, por medio de una participación activa, afrontar una determinada situación a resolver.

Sus orígenes están en las comunidades indias de Norteamérica en lo que se llamaba el *talking piece* es decir, el «objeto para hablar», que brindaba a todas las personas de la comunidad hablar y ser escuchados por el resto.

Hay una persona que guía el proceso y que procura no intervenir en el mismo, sino que vela para que se realice un proceso seguro. Para ello es necesario formación (¡qué novedad!) y práctica.

Como en los anteriores casos, los círculos restaurativos necesitan que las personas que participan lo hagan de forma voluntaria y, en este caso, no necesariamente son parte del conflicto o están relacionados con algunas de las partes, sino que su afección es indirecta al ser parte de la comunidad.

Por ejemplo, un grupo de alumnos de 3º de la ESO se saltan una clase porque han oído que su profesora no vino la hora anterior y piensan que no vendrá a su clase. Algunos dudan y se quedan en clase, pero los que salen van al patio y molestan a los que están realizando educación física. El profesor de la asignatura les pide que se vayan, el de guardia acude, pero no consigue que regresen a clase, el ambiente se calienta y se producen momentos de confusión. Algunos vuelven a clase y encuentran con sorpresa que la profesora sí que ha ido a clase y les ha puesto falta. Se rebelan, y entre una cosa y otra pasa la hora sin que la profesora consiga dar clase, los de educación física tampoco y los profesores de guardia que acudieron a ayudar sientan impotencia pensando a tenor de lo ocurrido que no tuvieron autoridad suficiente para que el alumnado les hiciera caso.

Ante esta situación y tras reunirse la tutora del grupo con el profesorado afectado, se propone hacer un círculo restaurativo con este curso en una sesión de tutoría. Para ello participará el alumnado que salió del aula, el que se quedó, la profesora afectada que asistió a su clase, el profesor de EF y el de guardia que se vio afectado, así como una persona de jefatura de estudios que por su experiencia y formación será el *circle keeper* (quien guíe el proceso) y lo podría hacer con estas preguntas:

- ¿Qué sucedió el día del desorden? ¿Qué pensabas cuando saliste al patio sin permiso? (¿qué pensabas cuando viste salir a tus compañeros al patio sin permiso?) ¿Qué ha pasado a partir del incidente? ¿A quién crees que ha afectado y cómo? ¿Cómo te hizo sentir? (pregunta para el profesorado afectado).

- Después se pueden hacer grupos más pequeños para reflexionar de esta forma: ¿qué podría haberse hecho para que no hubiera sucedido este incidente? ¿qué crees que se puede hacer (y personalmente tú) para reparar y resolver esta situación?

- Se vuelve al gran grupo y se hace una puesta en común para buscar una solución entre las que se ofrecen. En este caso, se habla de que, en otra ocasión, el delegado o delegada puede ir a jefatura a informarse para ver si es cierto o no, y se decide recuperar la clase en una hora de tutoría. Además, el alumnado que se va de clase espontáneamente decide pedir disculpas públicamente en este contexto restaurativo.

- Se aceptan los acuerdos y las personas afectadas expresan su satisfacción.

- Finalmente, se pide que se exprese qué se llevan de esta práctica restaurativa.

Para llevar a cabo esta práctica, como podéis imaginar, hace falta más tiempo del que nos puede brindar una sesión y cierta preparación para crear un ambiente propicio que permita que todo el mundo se pueda expresar con confianza.

3. Prácticas restaurativas para la **gestión del aula**.

El objetivo de estas prácticas en la gestión del aula es favorecer la cohesión grupal y favorecer que se sientan cómodos en clase, aceptados y valorados y en un entorno seguro.

Si el alumnado se encuentra «a gusto» en clase, es lógico pensar que el impacto en los estudios sea positivo y, además, se mejore la convivencia.

- **Tiempo de círculo.**

  Es una práctica que favorece la comunicación y abre la posibilidad a explorar algún tema concreto en el grupo-clase. Es muy versátil y se puede utilizar para tratar un tema concreto en una materia o para otras cuestiones como elegir al delegado de clase, conformar unas normas de aula, preparar una efeméride concreta, resolver un conflicto que se dé en clase, etc. Tiene unas fases bien diferenciadas pero la dinámica es sencilla. Se puede trabajar en tutoría o en alguna clase en la que el profesor o la profesora quieran tratar algún tema concreto con su materia. Para llevar a cabo esta práctica restaurativa necesitamos al alumnado sentado en círculo con espacio suficiente para sentirse relajado y tranquilo.

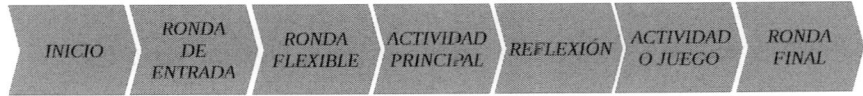

Figura 10: Fases del tiempo de círculo.

Las fases, esquematizadas en la figura 10, son:
- Inicio, donde se da la bienvenida a las personas que participan y se presenta el «objeto de la palabra», que es un objeto previamente elegido por el grupo-clase que se recomienda sea significativo para todos y que, mientras se tiene físicamente, ofrece a la persona la ocasión de hablar y ser escuchado.
- En la ronda de entrada, se busca que todas las personas se sientan cómodas en la reunión y se hace uso del objeto de la palabra con preguntas sencillas como: *¿cómo te sientes hoy?* o *¿cuál es tu color favorito?*
- A continuación, se reagrupa el alumnado según alguna «excusa» que permita que el alumnado pueda estar con per-

sonas con las que se relaciona menos o normalmente no se relaciona como el color de la camisa, el número del pie, si llevan una determinada ropa, la altura, la edad, etc. El caso es que las personas se puedan sentar cerca de otras diferentes en cada ocasión que se realice esta actividad.

- Ahora, en la actividad principal, se trabajará el tema concreto de la reunión que puede ser sobre alguna dificultad que haya en clase o sobre algunas habilidades sociales o sobre alguna asignatura. El tema lo pones tú o lo ponen ellos y ellas.
- En la reflexión se podrá considerar lo que se ha trabajado en la actividad principal considerando los aspectos más importantes, lo que más me llamó la atención, etc.
- Después se puede llevar a cabo alguna actividad física o cooperativa en la que se trabaje en equipo.
- Finalmente, en la ronda final, se pasará de nuevo el objeto que da la palabra y cada persona podrá expresar con sencillez (una frase, una palabra) la respuesta a la pregunta *¿qué me llevo del círculo?*

Esta actividad es estupenda para que un o una docente pueda crear lazos con su grupo-clase, ya que permite participar al alumnado y que su voz se escuche permitiendo, además, al o la docente que la copilote, favoreciendo una vivencia positiva de la hora de clase.

Las familias también pueden realizar prácticas restaurativas en el seno de sus hogares con una formación previa que puede surgir o bien porque de forma proactiva el centro informa sobre dichas prácticas o bien porque participan en alguna de ellas y experimentan los beneficios de estas prácticas.

Advertir, identificar y atender los daños que tienen lugar dentro de la familia ofrece la posibilidad a sus miembros de asumir responsabilidades y reparar el percance que haya sucedido de forma efectiva, puesto que incorpora, como hemos visto, muchas herramientas valiosas como la comunicación asertiva o la escucha activa, y permite crear un ámbito seguro y de confianza que puede resolver desde pequeños roces a dificultades más profundas. Aunque las cosas que han sucedido no se pueden cambiar, sí que se pueden adoptar maneras alternativas al castigo o las sanciones transformadas en asunción de consecuencias y reparación de daños después de conversar de forma restaurativa y llegar a soluciones de consenso. Todo un reto, también para las familias.

CÓMO HACERLO

La respuesta restaurativa en la escuela es clave para una humanización de la misma; no me refiero al concepto humanista del término, sino al sentido genuino de la palabra: hacerla más humana, más familiar y cercana.

La escuela necesita más que nunca un diálogo abierto, comprender distintos puntos de vista, profundizar en las razones y los comportamientos sin juzgar, pero comprendiendo qué los motiva, necesita de un lenguaje más emocional y una forma de relacionarnos más sana. Y eso se puede conseguir con este enfoque que pretende superar el castigo para gestionar el conflicto de una forma más humana.

La escuela necesita constantemente de nuevas formas de ir abordando las diferentes problemáticas que surgen a raíz de los cambios tan rápidos que se dan en nuestra sociedad, llamémosla, civilizada y eso se puede llevar a cabo con un profesorado formado, por supuesto, y con una manera flexible de afrontar las situaciones que se van presentando en la escuela.

Muchas veces llamamos de forma diferente a lo que hacemos siempre o intentamos amoldar al nuevo vocabulario lo que llevamos en nuestro bagaje y claro, así no llega la innovación a nuestras aulas, sino el lío en la manera de evaluar, en la forma de presentar los contenidos, en lo que cada año hay que explicar al alumnado de criterios, normativa, objetivos de desarrollo y competencias que nosotros mismos confundimos. Así no se puede. Necesitamos espacios para conversar de lo importante (lo urgente nos come el tiempo), para tratar lo que merece la pena, para enseñar a las personas a ser más humanas, de más calidad, con más profundidad. Y este enfoque lo puede llevar a un nivel más alto.

Fijaros las cosas sencillas que os hemos propuesto:

- Mediación escolar, a ser posible, regulada.
- Preguntas restaurativas, que necesitan la práctica para poder llevarlas a cabo.
- Conferencias y círculos restaurativos, que abren la vida escolar al diálogo necesario para mejorar la convivencia.
- «Tiempo de círculo», esos momentos que nos meten de lleno en la gestión de las emociones y la empatía y que son estupendos para tener un hilo conductor en las tutorías.

Todo ello tiene de fondo una gestión de las relaciones sustentadas en cinco principios básicos que nos ofrecen un lenguaje nuevo:

- **Escuchar sin juzgar.** Esta escucha es activa y está sustentada en un respeto profundo, por lo que la otra persona piensa (aunque no se esté de acuerdo con ello e incluso pueda ser dañino como pensamientos racistas o machistas). Lo que una persona cree en un momento dado de su vida no tiene que ser verdadero ni moral o éticamente adecuado, pero no se entra en juicio porque el juicio aleja a la persona e impide que pueda ver con ojos nuevos situaciones que ha valorado en un momento dado como adecuadas. Respetar que una persona tenga un pensamiento concreto no es respetar ese pensamiento que ya decimos puede ser perjudicial incluso para esa persona, pero es el principio oportuno que nos abre a la respuesta de la pregunta restaurativa *¿qué ocurrió según tu punto de vista?*
- **Identificar emociones y sentimientos.** Los sentimientos son algo así como emociones pasadas por la cabeza, es decir, pensadas. Y lo que pensamos influye también en las emociones (que son más genuinas, intensas y fugaces). Las emociones pueden influir en nuestra forma de comportarnos y saber, por tanto, qué sienten las personas nos abre la mente para comprender por qué

se ha actuado de una manera concreta ya decimos, aunque no se comparta se comprende, aunque no se justifica se busca acercar la empatía. Para llegar a esto están estas preguntas restaurativas *¿qué pensabas en ese momento? ¿cómo te sentías? ¿cómo te sientes y qué piensas ahora?*

- **Pensar en las conductas y promover la empatía.** Darnos cuenta de cómo afectan nuestros actos a los demás es muy importante si queremos llegar a una conclusión que sirva para restaurar las relaciones, restaurar las personas y restaurar los daños en la medida de lo posible. Para ello hemos de poner delante de nuestro entendimiento cómo afectó nuestro comportamiento a lo que sucedió o está sucediendo y a quién o quiénes afectó porque, no lo olvidemos, somos personas sensibles a lo que pasa a nuestro alrededor tanto a nosotros y nosotras mismas como a los y las demás. Lo restaurativo, en este caso, es *¿quién ha sido afectado y cómo?*

- **Valoración de las necesidades individuales.** Para darnos cuenta de qué necesidades tenemos y tienen las demás personas hemos de utilizar un lenguaje que sea en sí mismo respetuoso, y nos ayude a tomar conciencia de lo que decimos y lo que nos dicen. La Comunicación no Violenta es una manera de dirigirnos a las personas que se basa en cuatro principios:

  - Observar sin evaluar. Describir lo que sucede explicando lo que sea necesario evitando el porqué y el cómo, intentando no interpretar lo que la otra persona piensa, siente y quiere.
  - Identificar las emociones que nos emergen de esta observación. La alfabetización emocional, de nuevo, es clave. Hay emociones que responden a cómo evaluamos a los demás o a nosotros mismos como «rechazado» o «engañada», y hemos de procurar evitarlas.

    Mejor es decir «me siento furioso contigo», a decir «me dan ganas de castigarte»; mejor es decir «me entristece que digas eso», a decir «siento que no me comprendes» o «me siento incomprendido».

– Necesidades. Hemos de indagar para ver qué necesidades hay detrás de lo que siento y ver las que hay detrás de los sentimientos de los demás. ¿Por qué? Porque puede que lo que vemos o lo que mostramos sea una cosa diferente a lo que vemos o nos muestran otras personas, pero en las necesidades sí que hay conexión porque todas las personas tenemos las mismas necesidades, aunque las podemos satisfacer de formas distintas. Pero al ser las mismas nos acercan y nos permiten empatizar. Ver más allá de lo que nos dicen nos permite adentrarnos en lo que la otra persona necesita o en lo que yo mismo necesito y esto es clave para dar el siguiente paso.

– Generar propuestas o solicitudes. No solo hemos de averiguar qué necesitamos, sino lo que la otra persona necesita, lo que necesitamos para que nuestra propuesta pueda enriquecer no solo mi vida sino la de la otra persona con la que hablo. Para ello hemos de utilizar un lenguaje afirmativo, ser concreto en lo que solicitamos, solicitar confirmación si es preciso para verificar que se ha explicado bien y no realizar exigencias, sino peticiones.

Practicar la CNV en el día a día nos ayudará a afrontar este principio básico restaurativo que busca conocer y profundizar en las necesidades de los demás. Las cuestiones restaurativas válidas serían entonces: *¿qué necesitas para resolver esto, para sentirte mejor?* o *¿qué necesitarías para poder reparar esta situación y que todos salgamos adelante?*

- **Responsabilidad compartida y toma de decisiones.** En el proceso de mediación, por ejemplo, la persona mediadora no se involucra en la solución, puesto que no es ninguna de las partes en conflicto. En los procesos restaurativos también se pide a las partes implicadas que sean ellas quienes las resuelvan dando respuesta a esas necesidades que han identificado y que decidan conjuntamente qué hacer basándose en cuestiones como: *¿qué necesitas a partir de ahora? ¿cómo se pueden dar respuesta a esas* *necesidades? ¿qué podemos hacer para resolver esta situación? ¿cuál puede ser una respuesta conjunta a esto?* De esta manera, comparten la responsabilidad de forma fehaciente y concreta cerrando un proceso en el que van a aprender una alternativa sana y válida para resolver conflictos.

Conseguir un profesorado restaurativo que crea oportunidades de conexión en sus horas de clase, un grupo-clase restaurativo en el que las relaciones entre el alumnado y con el profesorado importan, un centro restaurativo que antepone lo que las personas que lo forman piensan, sienten y necesitan al castigo será la manera de construir un lugar en el que la exclusión no tiene cabida y el bien común se situaría en el centro del aprendizaje. Todo un sueño por hacer realidad.

10

Utiliza la modificación de conducta

«El educador debe ser un **modelador** del comportamiento, no un mero dispensador de información».
B. F. Skinner

QUÉ HACER

Si mis amigos y amigas psicólogos leen este libro, seguramente, al llegar a este capítulo, van a echarse las manos a la cabeza porque las técnicas de modificación de conducta no son cosa sencilla que en un capítulo de un libro se puedan explicar y necesitan tiempo y conocimiento para que se puedan llevar a cabo con eficacia. Pero aquí estoy, escribiendo sobre ello después de hacer un simple máster (es que a algunos le dan un título y se creen ya algo).

No pretendo ser reduccionista ni engañar a nadie: para realizar cambios profundos y duraderos en la conducta de una persona será necesaria la intervención de un profesional, pero para pequeños cambios y retos cotidianos, basta leer el capítulo de un mindundi como un servidor y, bueno, te puedes hacer una idea de por dónde van los tiros.

Ya os he colado en capítulos anteriores algunas cosillas como el refuerzo positivo y el negativo y también he mencionado el coste de respuesta y el tiempo fuera... y, aunque no he hablado explícitamente del castigo como recurso, sabemos que existe y para llevarlo a cabo hay que hacerlo sin demora (a veces imposible por cuestiones administrativas), con una fuente de reforzamiento (para abrir puertas a que no vuelva a suceder), programándolo, evaluando su eficacia o, tal vez, buscando alternativas. Personalmente, pienso que el castigo no es lo más eficaz y por eso trabajamos en otras alternativas.

El caso es que me voy a centrar en algo concreto que pienso que necesita nuestro alumnado y que se estudia en los principios de modificación de conducta: el autocontrol.

¿Y por qué? Porque si bien es cierto que está bien poder «manejar» las contingencias[49] para que otra persona (el alumno o la alumna) modifique su conducta, aún está mejor que nuestro alumnado aprenda la forma de controlar su propia conducta porque, de este modo, estaremos contribuyendo a que tengamos alumnado realmente autónomo y responsable y, por ende, más libre.

Bueno, llegados a este punto (espero que mis amigos psicólogos ya me hayan perdonado), vamos al lío.

Las personas humanas tenemos varias formas de «controlar» nuestras conductas. Por ejemplo, si algo en clase nos produce risa, nos llevamos la mano a la boca o si queremos ser más puntuales, nos anotamos en el móvil un aviso que nos suena media hora antes de la quedada (a veces mejor poner un día antes). También, con vistas a la «operación bikini», las personas somos capaces de saltarnos alguna comida para lucir el bañador en el veranito. Cosas de la juventud, sobre todo. Puede haber personas que, confundidas por esto del autocontrol, utilicen sustancias como el alcohol para desinhibirse y decir lo que tienen en mente (pues de otra forma no se creen capaces) o tomen alguna pastilla milagrosa para mejorar su memoria de cara a los exámenes finales. Estas pequeñas cositas y algunas otras más (yo suelo taparme los ojos con un calcetín para dormirme antes) son «trucos» en los que de algún modo «jugamos» con nuestro com-

---

[49] La contingencia se refiere a la relación entre la *conducta* y sus *consecuencias*. Por ejemplo, si una persona recibe un premio cada vez que tiene una determinada conducta, se establece una contingencia de refuerzo positivo.

portamiento intentando modificarlo deliberadamente buscando algún resultado concreto.

Ciertamente, si después de leer estas páginas y ponerlas a prueba consigues modificar algunas de tus conductas y, tal vez, enseñas a otras personas a hacerlo, ¿no será que en realidad estas técnicas (o incluso yo mismo) han logrado controlarte a ti y no tú mismo?

¡Uf! Algo de filosofía hay detrás de estas cosas, pero para ponernos de acuerdo diremos que *hablamos de autocontrol si una persona aplica sobre sí misma una serie de técnicas de forma activa y es ella la única que lo hace sobre sí.*

Hay un juego muy divertido que se puede hacer con niños y niñas y estimula el autocontrol. Se llama «Simón dice»[50] y es muy conocido. Se trata de explicar a los niños que vamos a jugar a un juego en el que tienen que estar muy atentos porque se trata de que hagan lo que dice una lista, pero solamente cuando delante de esa instrucción se dice «Simón dice». Por ejemplo, si digo «Simón dice . . . levántate», pues te levantas. Pero si digo «Levántate», pues no haces nada. Se hace una prueba con otra frase, por ejemplo, «Sonríe» y «Simón dice, sonríe», para ver que lo han captado y se puede empezar a jugar. Para que el juego sea más interesante se eliminan las personas que se confundan y ellas serán quienes nos ayudarán a decir quién se equivoca en la siguiente ronda (así no se aburren). Después se puede hacer el mismo juego con un grupo de la clase mientras el resto observa (y observando también aprende, ya lo sabemos). A ellos les gusta también elaborar listas de «órdenes» de «Simón dice», en la que los maestros y maestras participen. Es muy divertido. Os dejo un par de listas más adelante para que, si os apetece, lo podáis probar.

Hay que tener en cuenta que las personas que se deciden por usar técnicas de autocontrol en ocasiones se privan de una consecuencia inmediata agradable para tener una consecuencia aún mejor en el futuro (el retraso de la gratificación del que hablamos), como, por

---

[50] El juego electrónico «Simon» en el que hay que seguir unas pautas de luces y sonidos está basado en este juego popular que se juega en todo el mundo, al igual que otros como el escondite (*hide and seek*).

ejemplo, dejar de fumar (con el placer que le puede producir en cada calada) para poder ir a esas caminatas tan chulas a las que va tu pareja y a las que uno no puede ir porque se asfixia.

Os propongo varias formas de trabajar el control y el autocontrol:

a) Control de estímulos.

Hay ciertas conductas que se llevan a cabo cuando hay determinados estímulos (por ejemplo, cuando pasas por una heladería en verano y te compras un helado), y cuando estos estímulos se asocian a esas conductas, actúan como señales que hacen que con mayor probabilidad se produzcan, de nuevo, esas conductas asociadas.

Hay veces que una conducta se desea cambiar[51], como, por ejemplo, fumar en la adolescencia, pero esta se produce por una variedad de estímulos como la presión que ejerce el grupo de amigos que también fuma, el aparentar ser mayor delante de la persona que te gusta, el parecer más atrevido al hacerlo a escondidas entre clase y clase . . . y el objetivo, en este caso, sería controlar esos estímulos para que no ejerzan ese «control» que hacen que el o la adolescente fume.

Otro caso sería el de ciertas conductas que no se dan porque no están los estímulos adecuados para ello, como, por ejemplo, el o la estudiante que no estudia porque no tiene un lugar tranquilo, porque su casa es una jaula de grillos o porque se distrae con facilidad donde se ponga a estudiar. En este caso, lo que se pretende es favorecer estímulos que le lleven a la conducta deseada.

Hay también algunas conductas que se producen a causa de estímulos inapropiados como lo que puede suceder con la pornografía que provoca conductas sexuales machistas o problemáticas, así como el despertar temprano de unas actividades sexuales con unas expectativas poco realistas, agresividad, distorsión de los roles sexuales, etc.[52]

---

[51] Es importante resaltar que se desea cambiar la conducta, puesto que esto es necesario para que se pueda llevar a cabo este control de estímulos.

[52] En el 22 Congreso de Patología Dual del año 2021, los expertos en la materia coinciden en que este problema de la pornografía en edades tempranas es una cuestión no moral, sino patológica, pues presenta similitu-

En este caso, lo que se busca es que esos estímulos no ejerzan ese control sobre la conducta de la persona.

Como se puede ver, hay varias formas de problemas de conducta que se afrontan de diferente manera.

Una persona que es *consciente* de la forma en que los estímulos controlan su conducta puede hacer que estos estímulos cambien, o se potencien o los evite, siempre con el apoyo de alguien que le ayude, le acompañe y, si es necesario, le supervise.

En todos los casos, la modificación de conducta ha de hacerse paulatinamente y es normal que no se obtengan buenos resultados hasta que pase algún tiempo y además es importante resaltar una vez más que **la persona ha de querer** modificar la conducta concreta.

En el caso del adolescente que fuma, sería interesante que, por ejemplo, cuando sus amigos se pongan a fumar, él o ella se dedique a hacer otra actividad incompatible como ponerse a beber agua o también puede ir a dar una vuelta en ese momento o incluso pedir a sus amigos que no le ofrezcan tabaco, aunque se lo pida. En el caso de que fume en el centro educativo, por ejemplo, entre clase y clase, lo ideal es que evite a las personas con las que se va en esos momentos e ir con ellos en otros (para no dejar de estar con ellos si son sus amigos), y así estar juntos adquiera otro significado. A veces las familias no son conscientes de lo que sucede o son permisivas con los adolescentes que fuman. Es interesante ayudarles a reflexionar sobre los efectos nocivos del tabaco[53], en que se encuentran en una edad de hacer deporte y expandirse y, sobre todo, de que no está permitido en absoluto fumar ni en el centro ni en los alrededores.

Para el segundo ejemplo de la persona estudiante sería bueno primero ver cuáles son los estímulos que necesita para estudiar como un lugar adecuado (se podría hablar con las familias y si en casa no

---

des con otras adicciones de forma que su resolución pasa por la asistencia de una persona profesional en el tema.

[53] A este respecto se puede ver https://assets.tobaccofreekids.org/global/pdfs/es/APS_youth_harms_es.pdf o también https://www.cdc.gov/tobacco/campaign/tips/spanish/dejar-fumar/index.html o https://www.cancer.org/es/cancer/prevencion-del-riesgo/tabaco/guia-para-dejar-de-fumar.html

es posible, buscar otras alternativas como una biblioteca o crear un espacio-tiempo en el centro para el estudio supervisado) o hacer el compromiso con los padres de no encender la televisión u otra distracción en los momentos concretos del día cuando se pone a estudiar.

En el caso de la pornografía, el control parental es fundamental[54], pero las charlas de educación sexual que se ofrecen en los centros educativos pueden ser vitales, ya que se dan en condiciones, normalmente, en las que hay una persona profesional que favorece resolver dudas con confianza y suele dar pautas muy interesantes que les ayudan a revelarles, sobre todo, lo inverosímil y fantástico de esas relaciones y cómo se plantean desde un plano de desigualdad de género.

Como se ve, es fundamental hacer partícipe a las familias en estos casos para que actúen como acompañantes en esta tarea (no para que entren en juicio con sus hijos e hijas) y puedan supervisar y animar a sus hijos e hijas en estos momentos. A veces es necesario ayudar a las familias, velar para que realmente sean una ayuda y formarlas para que ejerzan una influencia positiva basada en la firmeza y el cariño.

b) Modelado.

Esta técnica se utiliza mediante la observación de la conducta deseada para que el alumno o alumna puedan llegar a tener la respuesta deseada sin llevar a cabo la actividad. Esto es más común de lo que parece: los chavales aprenden palabras nuevas escuchándolas o se visten de determinada forma cuando lo ven en sus modelos, aprenden a usar la tecnología viendo a sus iguales utilizarlas, etc.

Si, por ejemplo, queremos que un niño salude al entrar en clase, podemos hacer que un amigo suyo que lo hace entre con él por las mañanas para que, al verlo, este le sirva de estímulo para hacerlo también.

Lo más claro en este punto es ser uno mismo un modelo positivo en el aula: guardar la calma para que ellos aprendan a hacerlo,

---

[54] Se puede ejercer por ejemplo promoviendo el uso de Internet en espacios compartidos como el salón de casa o estableciendo un horario de conexión restringido.

enseñar con alegría para que el alumnado esté contento, utilizar refuerzos positivos mediante simples elogios[55] y así aprendan a elogiar a los demás, teniendo reconocimientos privados o públicos, siendo cariñosos con una mirada, una sonrisa . . ., es decir, buscar que mi estilo educativo, mi forma de estar en clase, lo que transmito, mi comportamiento en definitiva, pueda reflejar el comportamiento que pediría a mi alumnado.

Pero ojo, que es un arma de doble filo: Si les grito, aprenderán a gritar, si les castigo, aprenderán a castigar, si me burlo de ellos, aprenderán a burlarse de sus compañeros y compañeras, si no soy justo, no lo aprenderán y si no los aprecio, aprenderán a no respetar ni estimar las pequeñas cosas de la vida . . .

El modelado puede llevarse a cabo también utilizando la imaginación: se les puede contar un cuento, por ejemplo, a los niños y niñas sobre una persona parecida a ellos que se comporta de una manera asertiva en situaciones tales como hacer amigos en el patio, ser agradables con las conserjes y el personal del centro, respondiendo amablemente a lo que pide la maestra . . . Esta forma capacita, también, a los niños y niñas a saber cómo comportarse, y estimula la creatividad y la imaginación.

Otra manera de hacerlo es mediante el *role-playing* (el teatrillo de toda la vida, vamos). Sobre todo, en los pequeños, se puede primero enseñar una serie de conductas como el saludar, el pedir perdón, dar las gracias y cualquier cosa sencilla, primero haciéndolas en clase y pidiendo a todos que las imiten, y después pidiendo a los niños que inventen una pequeña historia por grupos de 3 o 4 personas en la que pongan en práctica alguna de ellas. Se me ocurre que se haga con unas tarjetas en las que ponga las conductas modelo (dar las gracias, pedir perdón, saludar . . .) para repartirlas en los grupos y ¡a actuar!

---

[55] No hay que abusar de los elogios, puesto que puede crear cierta «adicción», ya que se puede llegar a buscar la aprobación o el caer bien. No obstante, la motivación que está dirigida al hecho en vez de a la persona y reconoce el esfuerzo y la mejora nos puede hacer que sintamos que valemos sin necesidad de la aprobación de otra persona.

Es una manera muy divertida de hacerlo. Además, con el aplauso del teatro y el reconocimiento del maestro o maestra logramos reforzar la conducta que se está aprendiendo.

c) Moldeamiento.

Esta técnica la utilizaremos cuando la conducta no está presente entre las conductas del alumno o alumna, es decir, queremos que haga algo que nunca ha hecho reforzando progresivamente pequeñas aproximaciones a la conducta que queremos que se aprenda.

La técnica podría resumirse en:

- Desglosar la tarea en otras más pequeñas.
- A medida que va realizando cada una de esas pequeñas tareas, se le refuerza cada una de ellas.
- Cuando un paso está afianzado, se pasa al siguiente. No se hacen todos los pequeños pasos seguidos.
- Llegar al último peldaño supone un momento de consciencia y celebración.

Por ejemplo, si queremos que Sara esté durante 30 minutos haciendo ejercicios lo que haríamos podría ser:

- La conducta se ha desmenuzado en varios pasos:
  - Primero Sara tendrá que leer el ejercicio varias veces y estar 5 minutos trabajando en él.
  - Después habrá de ser capaz de trabajar 10 minutos, 15 minutos, 20 minutos, etc., hasta los 30 minutos.

En esos pasos podrá levantar la mano para pedir ayuda, preguntar dudas, etc.

- Cada vez que consiga subir un peldaño, se le pondrá un positivo y se le elogiará lo bien que lo está haciendo.
- Esto se va a llevar a cabo todos los días estando unas 3 o 4 veces en cada peldaño, según sea necesario.

Se puede utilizar para el manejo de habilidades sociales como el sostenimiento de la mirada, o para ir añadiendo alimentos a un niño o niña con dificultades para comer bien, o para ayudarles a gestionar mejor el tiempo de estudio, de aseo, de arreglarse, o también para acercarse a un animal al que se tiene miedo, aprender un idioma, etc.

d) Terapia racional emotiva.[56]

El nombre de esta herramienta nos puede hace pensar que hemos de ser psicólogos experimentados para poder utilizarla, pero no es así. Todos y todas hemos presenciado cómo algunos de nuestros alumnos/as dicen a veces cosas como «No voy a aprender matemáticas jamás» o «Es que a mí se me da mal el inglés» cuando son buenos o normales en el resto de las áreas de conocimiento y están atascados o atascadas en algo concreto. Son patrones irracionales de pensamiento o falsas convicciones que los paralizan y los llevan a abandonar alguna asignatura o resignarse de forma que no se esfuerzan lo suficiente para aprender algo que, seguramente, podrían asimilar con un empeño no mayor que con otras asignaturas.

La complejidad de usar esta herramienta no es solo el seguimiento que hemos de hacer, como en todas las que estamos viendo, sino lo que las personas dicen de sí mismas (reforzadores del comportamiento): Lo que ellas dicen se puede analizar y desafiar a lo largo de esta técnica sustituyéndolas por afirmaciones más adecuadas (como el uso del «todavía» o «aún», que es lo que nos recomienda una mentalidad de crecimiento) para que estas personas lo utilicen en su día a día y puedan cambiar su conducta poco a poco.

Por ejemplo, en lugar de decir «No voy a aprender matemáticas jamás», decir «No he aprendido matemáticas **todavía**, pero lo voy a conseguir» o en lugar de decir «Es que a mí se me da mal el inglés» se podría decir «**Aún** no aprendí bien el inglés, pero estoy en camino».

---

[56] Desarrollada por Alber Ellis (1979).

Muchas de las creencias ilógicas comunes se basan en problemas emocionales y en creencias de nuestra sociedad como:

- Una persona debe ser competente completamente para llegar a algo en la vida (lo cual es falso, pues no se puede ser plenamente competente en todas las cosas; hemos de asumir que hay algunas que no podemos hacer ahora y otras que nunca las haremos).
- Una persona tiene que ser querida por todas las personas que tiene a su alrededor, especialmente por aquellas que son importantes en su vida (esto no creo que merezca la pena explicar que es falso. Por si acaso, para mi es muy importante Teresa de Calcuta quien, obviamente, nunca me ha querido. ¡Que yo sepa!).
- La vida es terrible cuando no sucede lo que quiero que suceda. (Está claro que a cualquiera le encantaría teletransportarse a cualquier lugar del mundo y aún no es posible).

Claramente esto exige tener **conciencia** de lo que estoy diciendo y es verdad que en la edad escolar se automatizan expresiones inconscientes sobre las que primero hemos de llamar la atención, después desmontarlas y, por último, ofrecer una salida en forma de otra autoafirmación más conveniente.

e) Autoinstrucciones.

Lo que una persona se dice a sí misma también es importante a la hora de controlar su propia conducta. Así, lo que se pretende con las autoinstrucciones es modificar las verbalizaciones internas que una persona se dice a sí misma cuando está realizando actividades en las que normalmente fracasa para que se consiga no solo que estas se modifiquen, sino también su comportamiento ante dichas situaciones.

Las autoinstrucciones se comenzaron a desarrollar en contexto escolar con niños y niñas impulsivos y, de hecho, se utilizan en casos de hiperactividad, ansiedad y control de impulsos.

Para ello, se le facilitan instrucciones (afirmaciones) que guíen la actuación de una persona para llevar a cabo una tarea y se le enseña a interiorizarlas y memorizarlas. Después se usarán estas autoinstrucciones en situaciones neutras acompañadas de refuerzos (¡qué bien lo has hecho! ¡pues sí que eres capaz!), se jerarquizan los estímulos que disparan las conductas (por ejemplo, si tienen miedo, pues ver qué grado de miedo se presenta en diferentes situaciones) y se le va enfrentando progresivamente con esas instrucciones a esos estímulos detonantes reforzando siempre cualquier pequeño paso adelante.

Básicamente, de lo que se trata es de:

- Definir el problema al que se enfrenta el niño o la niña (¿Qué tengo que hacer?).
- Guiar la respuesta con las instrucciones adecuadas.
- Autorreforzarse (Lo estoy haciendo bien, puedo hacerlo).
- Autocorregirse, es decir, si no lo consigue en lugar de frustrarse asumir que ha cometido un error y afrontarlo.

Por ejemplo, imaginemos a Pedro, una persona impulsiva en clase que a veces puede llegar a ser agresiva.

Hemos de ver con Pedro qué estímulos le llevan a ser impulsivo o le hacen tomar conciencia de ello, es decir, definimos su problema:

- Apretar los dientes.
- Respirar rápidamente.
- Abrir mucho los ojos.
- Desesperarse repentinamente.
- Mover la nariz de modo peculiar.
- Decir algo sin pensar.
- Enfadarse rápidamente.

Una vez que sabemos que estos estímulos lo llevan a ser impulsivo, hemos de insistirle en *tomar conciencia* de ellos cuando le sucedan.

Elaboramos unas instrucciones para que Pedro las pueda poner en práctica que podrían ser:

- Cuando vea que suceden estos estímulos[57] voy a decirme: «Estoy notando que me estoy enfadando y esto no sirve, voy a controlar».
- Lo siguiente que haré es decir: «Voy a relajarme como he aprendido, lo voy a hacer, lo puedo hacer» (en este momento puede hacer un pequeño ejercicio de relajación que le hemos enseñado previamente como respirar contando hasta cinco antes de expirar o tensar y relajar los músculos).
- Ahora viene el autorrefuerzo, es decir, instrucciones del tipo: «Estoy mejor. La tensión va bajando. No merece la pena estar así». «Estoy consiguiendo tranquilizarme, ¡qué bien!».
- Finalmente, se enfrenta a sí mismo buscando una solución. «¿Qué ventajas tiene enfadarse? ¿qué contras? Es mejor controlar, ¿verdad?».. Sobre estas cuestiones trabajando las consecuencias, hemos trabajado previamente con la persona de forma que tiene respuestas en su mente tales como que no merece la pena enfadarse, porque esto le traerá problemas, que es mejor controlar la situación y que si necesita más ayuda puede buscar a tal o cual persona, etc.

Lo que hago ahora es «ensayar» con Pedro estas instrucciones en situaciones ficticias haciendo uno mismo de Pedro y luego pidiendo a Pedro que lo haga en voz alta. Cuando lo aprenda bien, se le vuelve a citar en unos días y se le pregunta cómo le ha ido, si ha realizado el ejercicio, qué le costó más, qué menos, qué pudo conseguir, etc., reforzando siempre cualquier pequeño avance.

De una forma parecida, el niño o la niña con hiperactividad puede aprender unas instrucciones que le ayuden a controlar su conducta y la persona, por ejemplo, con miedo se repite instrucciones para permanecer en una situación temerosa para ella dándose instrucciones racionales ante sus miedos irracionales.

---

[57] Puede ser interesante hacer con Pedro el listado que queremos que tenga presente, pedirle que lo escriba y ayudarle a que lo tenga presente pidiéndole que lo lea de vez en cuando.

f) Habilidades para la resolución de problemas.

Llegamos a un punto muy interesante en el que todas las personas deberíamos estar formadas: la resolución de problemas.

Mucho de nuestro alumnado que tiene, digamos, problemas de adaptación tiene dificultades para resolver sus problemas de forma adecuada porque adolece de ciertas habilidades, en concreto, de:

- La capacidad de *generar soluciones* alternativas a un problema (pensamiento alternativo). Si una persona carece de esta habilidad, solo ve una o dos salidas y la mayoría de las veces es la violencia.
- La capacidad de darse cuenta de *los pasos que se han de seguir* para llevar a cabo una tarea (pensamiento medios-fin). Una persona que no tenga este tipo de pensamiento no es capaz de organizarse para lograr un objetivo.
- La capacidad de darse cuenta de que *a algunas situaciones siguen otras* y comprender por qué un evento conduce a una acción determinada en algunas personas (pensamiento causal). Quienes carecen de esta capacidad atribuyen las cosas a la casualidad o a la buena o mala suerte o no saben qué decir ante un problema concreto.
- La capacidad de prever *lo que va a suceder* ante un dicho o un hecho concreto (pensamiento consecuencial). Hay muchas personas que sufren las consecuencias de situaciones a las que no supieron anticiparse porque no las vieron venir, como no estudiar a tiempo.
- La capacidad de *darse cuenta* en una dificultad o un problema de los elementos interpersonales de la confrontación que pueden surgir (sensibilidad ante los problemas interpersonales o también pensamiento de perspectiva). Las personas egocéntricas no son sensibles a lo que los demás piensan o sienten y las violentas carecen de este tipo de pensamiento, por lo que no empatizan.

Pensemos en Laura que es incapaz de resolver una discusión en clase y se pone a chillar a una compañera (carece de pensamiento alternativo a un problema interpersonal) sin importar la reacción de sus compañeros o del profesor (incapaz de tener pensamiento causal) porque no sabe cómo hacer amigas (o sea que carece de pensamiento medios-fin) y no ha previsto que de esa forma al final se quedará sola (es decir, sin pensamiento consecuencial), ¿os suena esta historia? Por eso es importante enseñar a nuestro alumnado estos tipos de pensamiento y de habilidades que le van a ayudar a resolver múltiples situaciones de manera adecuada y así disminuir la conducta impulsiva y mejorar la organización en los niños y niñas y en los y las adolescentes.

Y no solo aprenderán a resolver cuestiones interpersonales, sino que este bagaje se puede traducir a otras situaciones de la vida.

Para trabajar entonces la resolución de conflictos, es importante trabajar cada uno de estos tipos de habilidades, pensamientos o capacidades y, aunque se podría escribir un libro entero (de hecho, conozco a una persona que ha escrito cuatro), voy a dar algunas pautas o ideas para poder profundizar en cada uno de ellos:

- Pensamiento causal.

  Para practicar este pensamiento hemos de buscar que reflexionen sobre la importancia de buscar bien la información para discernir cuál es la situación en cada momento, lo crucial que puede ser o no un detalle y lo fundamental que es en ocasiones consultar a especialistas para resolver las dudas que se tengan. Para ello les propondremos un juego de pistas en el que tendrán que resolver un enigma. En este juego habrá algunas pistas falsas y otras que tal vez no puedan conseguir. Después del juego, será importante preguntarles qué se necesita para saber qué está pasando en una situación o a una persona o en el centro (y por supuesto es información), si alguna vez les pasó que pasaron por alto algún detalle estudiando y después no pudieron resolver un ejercicio o un examen y también si es útil o no consultar a, por ejemplo, un médico si estamos enfermos o a un friki de Star Wars si queremos saber algo de un personaje de la saga o, en definitiva, consultar a un especialista en una materia cuando nos hace falta y, sobre todo, preguntar si lo hacemos o no.

- Pensamiento de perspectiva.

  Ahora vamos a aprender a ver qué objetivos tienen las personas para colaborar con ellas si nos parecen adecuados (como la paz o el bien común) o para oponernos si nos parecen lamentables (como la violencia o el abuso).

  Para ello podemos hacerles reflexionar utilizando una lluvia de ideas sobre cuáles son sus objetivos y cuáles pueden ser los objetivos de otras personas en diferentes situaciones (seguro que hay más de uno):

  - Cuando ellos salen el sábado por la noche con sus amigos.
  - Cuando una persona va a entrenar todas las semanas en un club deportivo.
  - Cuando una persona busca pelea en el instituto/escuela.
  - Cuando una persona está insultando todos los días a otra.
  - Cuando ellos estudian (esperemos que lo piensen bien).

  Después les podemos preguntar si son personas constantes persiguiendo sus objetivos o suelen darse por vencidos, si vale de algo saber los objetivos de las personas que tenemos alrededor, y si piensan que la «suerte» viene sola o ellos la consiguen con esfuerzo. Son preguntas profundas que pueden ayudarles mucho en la vida.

- Pensamiento alternativo.

  Para esto hay una forma que vale tanto para niños como para mayores. Consiste en contar una historia corta y dejarla sin acabar para que cada uno escriba un final. Seguramente, serán finales diferentes. Les podemos motivar pidiendo que el más original ganará un premio (¿media hora más de recreo?).

  Otra manera muy divertida es proponerles el final de una situación y que tengan que decir por qué ha sucedido eso. Por ejemplo, te encuentras en la carretera un coche boca abajo y cuatro personas mirando el coche con la boca abierta. ¿Qué ha sucedido? Hay que decir lo que se ocurra, aunque parezca una barbaridad. Esto ayuda a crear o imaginar alternativas. Por ejemplo:

- Que ha habido un accidente y esas personas salieron ilesas, por lo que están asombradas.
- Que un marciano detuvo el coche en la carretera y le dio la vuelta haciendo que sus tripulantes salieran afuera, por eso están asombrados.
- Que un animal se cruzó en la carretera y el coche, al esquivarlo, dio varias vueltas de campana y quedó boca abajo. Esas personas salieron a ver qué pasaba y vieron que conducía un gato.

En fin, imaginación al poder. Otras situaciones podrían ser:

- Una señora al verte, comienza a chillar y a señalar detrás de ti.
- Cuando sales a la calle ves que la gente está sin pelo.
- En las noticias escucháis que esta mañana amanecieron los mares y océanos vacíos.

- Pensamiento medios-fin.

Este tipo de pensamiento, recordemos, nos permite dirigir nuestros pasos a los objetivos que nos proponemos a la vez que nos hace prepararnos para lo que podamos encontrar.

Podemos empezar poniéndoles de ejemplo una competición en las olimpiadas: plantearemos si los atletas han de prepararse durante mucho tiempo o van el día de la competición a ganar. Obviamente, deben entrenar y para eso hay un entrenador, es decir, alguien que planifica el tiempo de entrenamiento, la regularidad, las técnicas que usarán, las herramientas, etc.

Este pensamiento, además, se puede ejercitar poniéndoles a los chavales en una situación como esta: van a escalar una montaña muy alta y seguramente tardarán unas dos semanas. Por grupos han de planificar qué tendría que llevar cada persona en la mochila, pensando que todo no cabe y que la mochila la tendrán que llevar ellos personalmente. Después se pone en común lo que cada grupo ha puesto y finalmente entre todos y todas eligen lo mejor para llevar en las mochilas.

Luego les hacemos reflexionar sobre su día a día: pueden hacer un listado de metas para el futuro y ver, después de este ejercicio, qué pasos podrían seguir para llevarlos a cabo.

- Pensamiento consecuencial.

Pensar en las consecuencias de lo que sucede es algo difícil, ya que, de otro modo, nuestros adolescentes actuarían de forma más conservadora y ya sabemos lo que pasa. Manuel Segura nos propone una actividad muy interesante que es VID, esto es, Ventajas, Inconvenientes y Dudas. Consiste en proponerles a los y las estudiantes una cuestión fuera de lo normal para que piensen qué ventajas tendría que sucediera, qué inconvenientes y qué cosas no sabrían si son o no convenientes (dudas). Es una forma de ejercitarse en este tipo de pensamiento, ya que han de imaginar las consecuencias que esa cuestión tendría en la vida práctica y, por tanto, les está preparando para prever lo que puede suceder cuando se plantean alguna acción. Por ejemplo, pueden pensar las Ventajas, Inconvenientes y Dudas de que todas las personas tengan que ir vestidas de la misma forma. También podría ser VID de que las tiendas estuvieran abiertas 24 horas. Tal vez hay temas más interesantes para ellos como VID de que en la televisión solo emitieran series románticas o VID de que regalasen la fruta en todos los supermercados. Después de rellenar en la pizarra sendas columnas con las Ventajas, los Inconvenientes y las Dudas de cada proposición, se le preguntaría a los chavales si les es o no sencillo usar esta técnica y qué ocurriría si lo hicieran antes de decidir. Se podría analizar qué ocurriría si hubiera muchas dudas (sería buscar más información), y hacerles reflexionar sobre la importancia de las ventajas y de los inconvenientes más que en el número de ellos a la hora de decidir. Si esta forma de hacer las cosas te produce dudas, os invito a probar con ellos. Es muy interesante.

CÓMO HACERLO

Lo prometido es deuda. Las listas de «Simón dice».

- Simón dice . . . lista 1.
  - Simón dice salta.
  - Salta.
  - Toca el suelo.
  - Simón dice di hola.
  - Aplaude.
  - Simón dice sonríe.
  - Simón dice da una palmada.
  - Da una palmada.
  - Tócate la nariz.
  - Siéntate en el suelo.
  - Simón dice saluda.
  - Simón dice tírate de la oreja derecha.
  - Tócate la punta de los pies.
  - Da un gran salto.
  - Simón dice menea la cabeza.
  - Simón dice cierra los ojos.
  - Simón dice tócate la cabeza.
  - Da un paso adelante.
  - Simón dice da un paso atrás.
  - Simón dice toca el suelo.

- Simón dice . . . lista 2. En esta lista se incluye una instrucción para la maestra o el maestro que no se debe leer, pero sí hacer. Es un poco más complicado y también más divertido.
  - Simón dice haz lo que yo haga *(da una vuelta)*.
  - Haz lo que yo haga *(tócate la cabeza)*.
  - Da un gran salto.
  - Simón dice da una palmada.
  - Ponte la mano en la cabeza.
  - Simón dice haz lo que yo haga *(saca la lengua)*.
  - Haz lo que yo haga *(cruza los brazos)*.

- Da un paso adelante.
- Simón dice haz lo que yo haga *(saluda con las dos manos)*.
- Simón dice da un paso adelante.
- Simón dice choca la mano con otra persona.
- Haz lo que yo haga *(pon tus manos en las caderas)*.
- Grita.
- Simón dice haz lo que yo haga *(tírate de la oreja izquierda)*.
- Haz lo que yo haga *(tírate de la oreja derecha)*.
- Simón dice haz lo que yo haga *(maúlla)*.
- Simón dice pon tus manos en las rodillas.
- Cierra los ojos.
- Simón dice toca el suelo.
- Haz lo mismo que yo *(tírate de las orejas)*.
- Situaciones con *roll playing* para trabajar en clase.

Aquí os traigo unas propuestas para trabajar en clase el modelado usando el *roll playing*. Se invita a quienes quieran voluntariamente a realizar la actividad utilizando tantos personajes como sea necesario y luego se abre un debate de cómo se podría hacer mejor. Cuando se llega a acuerdo, se vuelve a representar.

- **Situaciones para Primaria:**
    - **Acogida:** Un nuevo estudiante llega al aula y se muestra tímido. Algunos estudiantes se acercan para presentarse y ayudarle a conocer el colegio. ¿Cómo le darías la bienvenida?
    - **Bullying:** Un estudiante se burla del aspecto físico de otro durante el recreo. Los compañeros lo presencian. ¿Qué podrías hacer si fueras testigo?
    - **Soledad:** Un niño siempre juega solo en el patio. Otros niños se dan cuenta. ¿Cómo podrías invitarlo a jugar con tu grupo?
    - **Responsabilidad:** Un estudiante olvida hacer su tarea y culpa a su compañero. ¿Cómo podrías asumir la responsabilidad cuando te olvidas de algo importante?
    - **Buen comportamiento:** Un niño ayuda a la profesora a recoger los materiales después de clase, sin que se lo pidan. ¿Cómo podrías colaborar en clase de forma voluntaria?

- **Mal comportamiento**: En clase algunos estudiantes comienzan a tirar pintura en el suelo por diversión. ¿Cómo podrías frenar esta situación sin generar conflicto?
- **Ayuda a los demás**: Un compañero de clase no entiende un ejercicio y está frustrado. ¿Cómo podrías ofrecerle ayuda sin hacerlo sentir mal?
- **Criticar**: Durante una actividad en grupo, un estudiante critica de forma negativa la presentación de otro. ¿Cómo podrías dar una crítica constructiva para que tu compañero mejore?
- **Ser buen amigo**: Un amigo te cuenta que se siente triste porque ha perdido un juguete. ¿Qué harías para apoyarlo y que se sienta mejor?
- **Respetar a los demás**: Durante el recreo, dos compañeros quieren jugar a diferentes juegos. ¿Cómo podrías llegar a un acuerdo para que ambos se sientan escuchados y respetados?

- **Situaciones para Secundaria:**
  - **Acogida**: Un estudiante nuevo es asignado a tu grupo en medio del curso. No conoce a nadie y se ve incómodo. ¿Qué harías para que se sienta bienvenido?
  - **Bullying**: Un estudiante recibe mensajes hirientes a través de redes sociales de parte de compañeros del colegio. Tú sabes lo que está pasando. ¿Cómo puedes ayudar a frenar este acoso?
  - **Soledad**: Un compañero siempre se sienta solo en clase y en el recreo y evita hablar con los demás. ¿Qué podrías hacer para incluirlo sin que se sienta incómodo?
  - **Responsabilidad**: Un grupo está trabajando en un proyecto, pero un miembro no contribuye y afecta al resultado del grupo. ¿Cómo lo confrontarías de forma constructiva para que participe más?
  - **Buen comportamiento**: Estás en una clase de trabajo en grupo y un estudiante está animando a los demás a mantener el orden y ser respetuosos con el material. ¿Cómo actuarías en esta situación?

- **Mal comportamiento**: Un grupo de estudiantes comienza a reírse y a hablar en voz alta durante una charla importante. ¿Qué podrías hacer para que entiendan la importancia de respetar a los demás sin enfrentarte de manera agresiva?
- **Ayuda a los demás**: Un compañero está pasando por una situación difícil en su familia y está desconcentrado en clase. ¿Cómo podrías apoyarlo emocionalmente y con los estudios?
- **Criticar**: Al terminar una presentación, uno de tus compañeros se burla de las ideas de otro frente al grupo. ¿Cómo podrías intervenir para que la crítica sea constructiva y no hiriente?
- **Ser buen amigo**: Un amigo tuyo toma una mala decisión, como saltarse clases varios días o copiar en un examen. ¿Cómo lo ayudarías a ver las consecuencias de su comportamiento sin dañar la amistad?
- **Saber escoger**: Un grupo de amigos te invita a hacer algo que sabes que está mal (como fumar drogas o emborracharte). ¿Cómo podrías decirles que no de manera firme y respetuosa?

El juego de los enigmas.

Este es un juego basado en algo a lo que jugábamos de pequeños con mi amigo Andrés (porque era el que se los sabía todos), y que posteriormente se convirtió en un popular juego de cartas. Lo he retocado un poco para que pueda servirnos en el pensamiento causal, es decir, para buscar la **causa** que generó esta situación.

Os voy a dejar 5 enigmas que tienen que resolver (vosotros podéis inventaros otros tantos) y en cada uno de ellos tendrán 15 pistas: 10 serán verdaderas y 5 falsas. Se pueden hacer unas cartas y todo con las pistas, ¡suena genial, ¿verdad?! Es para que jueguen unos pocos (4 o 5) o también por equipos. A cada persona o a cada equipo se le reparte una pista. Han de tirar un dado y si sale un número par, les diremos si la pista es verdadera o no y si sale impar, no le diremos nada (es decir, podría ser falsa). Con las pistas que van saliendo tendrán que resolver el enigma (es decir, utilizar el pensamiento causal). Después de escuchar las 4 o 5 pistas (sabiendo cuáles son verdaderas y cuáles falsas) habrán de elaborar sus teorías. Por turnos las contarán y al final se desvelará si alguno lo resolvió o estuvo a punto. Si no es así, se vuelve a repartir otra pista. Si no se resuelve cuando se acaben las pistas, se podrán ofrecer algunas pistas «gratis» o desvelar las que son falsas.

Seguro que se pasará un rato genial. Aquí os dejo los enigmas:

1. **Enigma 1: Pepe y Pepa en el salón**
   - **Situación:** Pepe y Pepa fueron encontrados muertos en el salón.
   - **Solución:** Pepe y Pepa son peces que cayeron de la pecera.
   - **Pistas buenas:**
     • Hay agua en el suelo.
     • La ventana está abierta.
     • Se ven cristales rotos.
     • Un gato estaba en la sala hace poco.
     • La pecera está vacía.
     • Las luces de la sala están apagadas.
     • Hay rastros de agua cerca de la mesa.
     • Un pequeño objeto fue empujado del estante.
     • La pecera está en el suelo.
     • Se oyó un ruido fuerte antes de que los cuerpos fueran encontrados.

   - **Pistas falsas:**
     • Hay una ventana rota.
     • La puerta del sótano está entreabierta.
     • Se encontraron huellas de neumáticos en la entrada.
     • Hay un libro abierto en el sofá.
     • El teléfono móvil de alguien está en la mesa.

2. **Enigma 2: El cuadro robado**
   - **Situación:** Un valioso cuadro ha desaparecido de la pared.
   - **Solución:** Un limpiador accidentalmente lo tiró al suelo y lo escondió.

- **Pistas buenas:**
  - La pared donde estaba el cuadro está vacía.
  - Hay una escoba cerca del lugar.
  - Se ven pequeños restos de pintura en el suelo.
  - Las cámaras de seguridad no muestran movimientos extraños.
  - El cuadro no aparece en ninguna subasta.
  - La limpieza del museo fue realizada la misma noche.
  - Un limpiador estaba en la sala antes del robo.
  - Hay rastros de polvo en el lugar donde estaba el cuadro.
  - No hay señales de una entrada forzada.
  - El limpiador dejó su horario de trabajo a medio completar.

- **Pistas falsas:**
  - La puerta trasera fue encontrada abierta.
  - Se escucharon sirenas esa misma noche.
  - Un ladrón famoso fue visto cerca del lugar.
  - Hay huellas de barro en la sala.
  - Se encontró una cuerda cerca de una ventana.

3. **Enigma 3: El coche que no arranca**
   - **Situación:** El coche no arranca una mañana.
   - **Solución:** Se dejó la radio encendida toda la noche, lo que agotó la batería.
   - **Pistas buenas:**
     - La batería del coche está completamente descargada.
     - La radio estaba encendida la última vez que se usó.
     - Las luces interiores no funcionan.
     - No se escuchan ruidos del motor al intentar arrancarlo.
     - Las ventanas estaban cerradas.
     - El coche estaba estacionado toda la noche.
     - No hay signos de fuga de combustible.
     - Se encontraron cables de conexión en el maletero.
     - La radio sigue encendida cuando se entra en el coche.
     - El coche estuvo aparcado bajo la lluvia toda la noche.

- **Pistas falsas:**
  - Hay una manguera rota en el motor.
  - Las ruedas están pinchadas.
  - Se ve aceite en el suelo debajo del coche.
  - El tanque de combustible está vacío.
  - Las llaves del coche están en el suelo del garaje.

4. **Enigma 4: El aula inundada**
   - **Situación:** El aula amaneció con el suelo cubierto de agua.
   - **Solución:** Un grifo en el laboratorio se quedó abierto toda la noche.
   - **Pistas buenas:**
     - El laboratorio está junto al aula.
     - Hay un grifo goteando.
     - Los libros del suelo están mojados.
     - Se encontraron cubos bajo el fregadero.
     - El agua corre lentamente por el pasillo.
     - El conserje estaba haciendo reparaciones el día anterior.
     - Las ventanas estaban cerradas.
     - La llave del agua estaba mal ajustada.
     - La inundación solo afecta a una zona del aula.
     - Hay una pequeña fuga de agua en el laboratorio.

   - **Pistas falsas:**
     - La lluvia fue fuerte durante toda la noche.
     - Se encontraron huellas fangosas en la entrada.
     - El techo tiene una gotera.
     - Las luces del aula no funcionan.
     - Se encontró una tubería rota fuera del edificio.

5. **Enigma 5: El examen perdido**
   - **Situación:** El profesor no encuentra los exámenes que debía corregir.
   - **Solución:** Los exámenes fueron accidentalmente tirados a la basura junto con otros papeles.

- El profesor usó una caja para almacenar los exámenes.
- El aula fue limpiada justo después de la clase.
- La papelera está llena de papeles arrugados.
- El profesor revisó su mesa y no encontró nada.
- Los exámenes se guardaban en un sobre.
- Un asistente de limpieza fue visto llevando una bolsa de basura.
- El profesor no recuerda haber cerrado la caja.
- Alguien vio la caja cerca de la papelera antes de que desapareciera.
- Los alumnos confirmaron que entregaron los exámenes.
- La papelera fue vaciada por la tarde.

– **Pistas falsas:**

- Un alumno fue visto saliendo con un sobre.
- Los exámenes fueron dejados en la biblioteca.
- El armario donde estaban guardados está cerrado con llave.
- Las luces de la clase no funcionaban esa mañana.
- El profesor tiene otra clase al día siguiente.

6. **Enigma 6: El libro desaparecido**
   – **Situación:** Un valioso libro desaparece de la biblioteca de la escuela.
   – **Solución:** El libro fue prestado a un estudiante, pero no se registró correctamente.
   – **Pistas buenas:**

   - El registro de préstamos no muestra la salida del libro.
   - Un estudiante fue visto leyendo el libro el día anterior.
   - El bibliotecario estaba distraído cuando el estudiante se lo llevó.
   - El sistema de préstamos estaba caído el día en cuestión.
   - El libro no está en su estante habitual.
   - No hay signos de entrada forzada en la biblioteca.
   - El libro no está en las estanterías de los libros devueltos.

- El libro es parte de una serie muy solicitada por los estudiantes.
- El bibliotecario mencionó haber visto a un estudiante interesado en ese libro en particular.
- No hay cámaras de seguridad en la biblioteca.

- **Pistas falsas:**
  - Un profesor llevó el libro a su despacho.
  - Se encontraron huellas digitales en la mesa de préstamos.
  - Una página del libro fue hallada en el suelo.
  - Las cámaras de seguridad muestran a alguien con una mochila sospechosa.
  - La alarma de la biblioteca se activó esa misma tarde.

11

Utiliza la disciplina positiva

«Educar es más difícil que enseñar;
porque para enseñar se necesita saber,
en cambio, para educar se necesita ser».

Quino

QUÉ HACER

Cuando oímos la palabra «disciplina», lo que se viene a la cabeza es algo así como estar serios, obedecer, seguir las reglas de conducta y que alguien es quien está al mando para poner orden. Algunas personas, entre las que estamos los maestros y las maestras, quisieran que su clase funcionara con esta definición de disciplina, porque lo que desean es que su alumnado esté callado y se tome las clases en serio, que obedezca y que siga las normas del centro que él o ella, como máximo exponente en la jerarquía del aula, valida o no en cada momento.

Y no quiero que penséis que yo no deseo una clase en la que el alumnado se comporte bien y se tome en serio mis explicaciones, pero siendo realista sé que esto *no puede ocurrir durante todo el tiempo*. Si alguna vez me pasara que mi alumnado estuviera todo el rato callado, atento, hacendoso en las tareas y siendo amable y correcto, seguramente estaría en otro mundo paralelo, pero no en este. ¡No se ofendan! No es mi deseo. Lo que quiero decir es que la disciplina, como forma de *instrucción, guía y corrección*, tiene que ser *positiva* para que se entienda de forma correcta. Me explico.

Si llego a clase con cara de vinagre y cierro de un portazo, no pretenderé, luego, que mis alumnos y alumnas me sonrían y piensen que soy una persona amable y que me preocupo por ellos. No encaja. O si por casualidad mi clase suele ser un caos y solo se enteran de lo que cuento los cuatro o cinco de la primera fila, no puedo pensar que es que no tienen interés . . . , algo tendré yo que ver en eso.

La disciplina positiva pretende, en dos palabras, actuar con *firmeza* y *cariño*, es decir, conectando con el alumnado (entendiéndole y validando sus sentimientos), respetando sus necesidades físicas y psicológicas (recordemos que todas las personas somos diferentes . . . , al maestro o maestra también), estableciendo normas equilibradas (que se aplican con consideración y amabilidad) y facilitándolo todo de forma que el alumnado puede tener autonomía (esto es, *que asuman responsabilidades* y sean más *competentes*).

Y si ayudamos a buscar soluciones a los conflictos junto a ellos y ellas, haremos que se sientan importantes y participen de su aprendizaje.

Hablando en positivo sin juzgarles ni etiquetarles, y ofreciendo muestras de cariño seremos capaces de validar sus emociones , estaremos, tal vez sin saberlo, en camino de esta manera de hacer las cosas. Es lo que llamamos el «Estilo Positivo» de docente. No es sencillo (ya hablar sin juzgar es complicado), pero es eficaz.

Para ello hemos de cambiar algunos viejos hábitos como el castigo, los gritos y las faltas de respeto que podemos cometer a veces con los chavales que nos dan resultado a corto plazo, pero que no hacen más que alimentar o bien la venganza o las habilidades para «esconderse» cada vez más. Ya sé, ellos también gritan y faltan el respeto, pero, como podéis imaginar, en clase los adultos somos nosotros y por eso las soluciones también deben de partir de nosotros, en la medida en que podamos con nuestras dificultades, limitaciones y maneras de entender la vida.

En vez de esas «armas», la disciplina positiva apuesta por las *consecuencias naturales*, las *consecuencias lógicas* y la *búsqueda conjunta de soluciones*.

- Las **consecuencias naturales** suceden de forma espontánea cuando una persona decide una conducta concreta y para que sucedan no necesitan la intervención de otra persona. Por ejemplo, si un alumno se deja abiertos los botes de témpera, esta se seca y ya no se puede usar. O si una alumna pierde una sudadera en una excursión, no se la podrá poner más. O si a una alumna se le olvida el trabajo en casa el último día de entrega, tendrá un cero en ese trabajo.[58]
- Las **consecuencias lógicas** que le ocurren a una persona precisan la intervención de otra persona y son consecuencias establecidas (siempre con anterioridad) derivadas de la conducta de esa primera persona. Por ejemplo, si una alumna pintorrea el cuaderno de otra en una pequeña trifulca, intervendrá la maestra y esa alumna tendrá que limpiarlo todo o reescribir lo que ponía, o también si un alumno llega tarde a clase, tendrá que recuperar ese tiempo durante el recreo. Es lógico, ¿verdad?

Puede pasar que uno piense de nuevo en los castigos: «¿No estás castigando a ese niño sin recreo o a esa niña a que reescriba la página?». Lo sería si esta consecuencia no viniera acompañada de una reflexión sobre los efectos de su conducta «Esto que estábamos haciendo en clase es muy importante y tengo que asegurarme de que lo entiendes. Cuando copies lo que te falta y me lo expliques, podrás salir al patio». Si en esa reflexión se pueden entender las causas de la transgresión de esa norma (ser puntual), el daño o perjuicio generado por esa falta y se analiza un comportamiento más beneficioso ante la misma solución, estamos haciendo que las consecuencias lógicas sean aceptadas mejor y que el alumnado se eduque en que sus elecciones

---

[58] A veces, pensando que ayudamos, corremos a casa a por el trabajo y se lo llevamos a nuestro hijo o hija creyendo así que hacemos bien. Pero nada más lejos de la realidad. Si queremos que sean personas libres y autónomas tienen que entender cosas como que no estaremos siempre para sacarles las castañas del fuego. En realidad, les damos la oportunidad de crecer como personas y aprender de sus errores (algo vital para madurar en la vida).

a veces traen consecuencias que no le agradan, todo ello en un ambiente de aprendizaje que suele aceptar de buen grado.

Lo que ocurre a veces es lo contrario, es decir, que bajo el «paraguas» de las consecuencias lógicas lo que estemos haciendo es castigar a un alumno o alumna. Por eso es importante *que la consecuencia se sepa con anterioridad* y/o que *se reflexione conjuntamente* con la persona cuya conducta inadecuada queremos transformar en algo útil, sobre todo para esa persona.

- La **búsqueda conjunta de soluciones** permite abordar de una forma inteligente las dificultades fomentando la colaboración, la reflexión y el respeto mutuo. No se trata de que en cada ocasión contemos con nuestro alumnado para solucionar todo lo que sucede, sino de educar en generar posibles soluciones fomentando la participación y ayudando a decidir de la mejor forma posible (¿recordáis lo de soluciones justas y eficaces? ¡Todo está relacionado!) por ejemplo, al elaborar las normas de clase o incluso del centro escolar, teniendo en cuenta las consecuencias lógicas que, en este caso, vienen muy al pelo.

Estas tres nuevas estrategias, *consecuencias naturales y lógicas y la búsqueda de soluciones*, nos pueden ayudar mucho si las ponemos en juego junto con nuestro alumnado, es decir, dedicando un pequeño tiempo a explicarlo en clase y luego referirlo cada vez que lo utilicemos. Se puede hacer un pequeño cartel, incluso, y colgarlo en un lugar visible para que sea más sencillo recordarlo (simplemente con señalarlo bastará).

La disciplina positiva, además, también funciona muy bien a la hora de prevenir conflictos aportando herramientas como:

a. Fomentar el **aprendizaje a través de los errores**. Todas las personas nos equivocamos y, gracias a ello, podemos aprender nuevas formas de enfrentarnos a las situaciones de la vida a veces más eficaces. Cuando se pone al alumnado frente a un conflicto en el que ha participado, se le puede hacer reflexionar sobre lo que ha pasado incidiendo en *las causas* que motivaron ese conflicto (habrá que escucharlo activamente, sin juzgarlo) y preguntándole sobre *cómo evitar que vuelva a suceder* (pensamiento alternativo) y *qué ha aprendido* de la situación. Esto ayudará sin duda a que se plantee otras maneras de actuar en un contexto parecido. Recordemos que esto lo hemos de hacer sin juzgar al alumno/a para que sea efectivo.

b. **Mostrar confianza**, es decir, dejar que el alumno o alumna actúe esperando que podrá resolver sus dificultades por sí mismo y no estar interviniendo constantemente. Recuerdo que esto lo aprendí de mi esposa cuando un día en que estábamos con los niños aún pequeños en el parque, observamos como una de mis hijas discutía con otra. Mi reacción (porque no fue una respuesta, sino que salté de la silla) fue ir a ayudar a mi hija a solucionar lo que estaba pasando, pero mi mujer me cogió del brazo y con cariño y suavidad me dijo: «Espera y observa. Ellos pueden manejar la situación» y, para mi sorpresa, pudimos ver cómo después de algunos gestos como de enfado, hacían las paces y seguían jugando como si nada. Confiar es dar oportunidades.

c. **Respetar sus decisiones**. A veces no nos gusta cómo se peinan, cómo visten o la manera en que se hablan o tampoco nos agrada que estudien poco o que tengan «manía» a nuestra asignatura. Pero hemos de dejar que decidan y aprendan (a menos que sus vidas estén en peligro) que sus decisiones son suyas nada más. Las consecuencias naturales y lógicas les ayudarán a ir afinándolas. Acompañarlos no es darles la solución según nuestro punto de vista. Hay que ser paciente y estar cerquita, por si necesitan una mano.

d. **Pedir ayuda**. Nuestros estudiantes. sean chicos o grandes, pueden ayudarnos en muchas situaciones y pedirles ayuda es una manera fantástica de hacer que se sientan útiles y valorados positivamente. Además, sabemos que muchas veces aprenden por imitación; también de las cosas buenas. Es muy sano, además, para nuestro ego personal brindar la ocasión para que sientan que no da igual lo que hagan: hasta el profe o la profe necesitan de su ayuda en algún momento. Esto les hace sentirse valorados y mejora su autoestima. Y no hay que esperar a que sean mecánicos, pueden ayudarnos en pequeñas cosas desde «ya».

e. **Practicar la escucha activa**. Ya sabemos de sus bondades, pero hay que insistir: actitudes como no hacer caso, decirle lo que tiene que hacer, no mostrarte respetuoso/a, revelar nuestra superioridad (somos más expertos o expertas porque somos adultos, pero no porque seamos especialistas y aunque lo fuéramos) o banalizar sus preocupaciones no ayudan a la comunicación. Hay que mirarlos, asentir, sonreírles, prestarles atención y mostrarles empatía, reflejar sus sentimientos, parafrasear lo que dicen y resumir lo que nos cuenten para que se puedan percatar de que los estamos escuchando de verdad. Escuchar activamente es, ya lo sabemos, que el que habla *sepa* a ciencia cierta que está siendo escuchado por nosotros. Pues eso.

f. **Dialogar** con ellos y ellas. Hay muchas ocasiones en clase y fuera de ella donde se puede dialogar con nuestro alumnado. Si te piden opinión, se la das (si no, mejor pregunta si la quieren escuchar). Si te ofreces para hablar con ellos y aceptan de buen grado, habla con ellos. Pero si simplemente vienen a contarte algo, escúchalos y no abras la boca porque estropearás el momento.

Y no solo eso: también nos propone métodos muy interesantes de abordar las temidas conductas disruptivas. Según la disciplina positiva, nuestro alumnado (de cualquier edad) necesita, como todo hijo de buen vecino, **ser tenido en cuenta** y como muchas veces no sabe bien cómo hacerlo o no es lo suficientemente competente, pues mete la pata y ahí surgen comportamientos problemáticos. Nosotros y nosotras, recordémoslo, por favor, somos los modelos en la escuela para nuestro alumnado que le puede enseñar a ser mejor y más competente en el amplio sentido de la palabra y como, además, somos los adultos y adultas en este «juego», también es nuestra responsabilidad su educación (compartida con las familias), al menos cuando están en un centro educativo.

Estas formas de llamar la atención parte de unos *objetivos erróneos* que tienen tanto los niños como los adolescentes que, no lo olvidemos, quieren ser tenidos en cuenta:

- Cuando **llaman la atención** en realidad te están diciendo «¡Hazme caso! ¡Quiero que cuentes conmigo!». Y buscan hacerse notar porque creen que en esos momentos es cuando son importantes para ti. La traducción correcta sería algo así como: *¡Quiero que me involucres!* Y lo podemos conseguir redirigiéndolos a una tarea útil para que su llamada de atención también lo sea realmente (por ejemplo, encargándole que te ayude a repartir unas fichas), diciéndole que lo atenderás en un momento y haciéndolo, no darle una tarea «especial», porque ellos buscan eso (ser especiales y por eso llaman la atención), hagamos tablas de rutinas para ellos, o ignórales poniéndoles la mano en el hombro para que sepan que los oyes y ves pero que ahora no es el momento, etc.

- A veces buscan **ostentar el poder** constantemente porque el niño o el adolescente piensa que la manera de tener conexión con los adultos y ser importante para ellos es controlarlos a ellos o cualquier situación. Hacerles entender que no es necesario mantener esa lucha de poder no entrando en esa discusión sino, en primer lugar, reconociendo que no se le puede obligar a hacer nada, pero no ceder tampoco en lo que se le pida (eso sí, de forma amable y firme). Motivarlos a llevar a cabo la tarea que sea es una buena opción, al igual que buscar una forma de reorientar esa energía en otra cosa como pidiéndole que te ayude a algo concreto o dándole ciertas opciones donde elegir (no todas las opciones pues optará en hacer lo que él o ella quiere y, además, no es nada educativo).

- En otras ocasiones, sucede que el alumno o alumna busca la **venganza** y nos suscita confusión, decepción e incluso indignación. Esa persona no quiere decir eso, no es nada personal. Lo que ocurre es que no se siente atendido y sufre por ello, por lo que trata de que el maestro o la maestra lo pasen mal por esta razón, y así piensa que se le atenderá mejor. Sí, nos puede sonar incluso absurdo, pero recordemos que no son lo suficientemente competentes para hacer otra cosa. Los adultos y adultas somos nosotros. Lo que se puede hacer es, en primer lugar, reconocer explícitamente que el niño o la niña está sintiendo dolor, es decir, transmitirle esa empatía que necesita. Lo siguiente puede sonar raro, pero hay que procurar no castigarle porque eso les aliviará su deseo de revancha e incluso disminuirá su rencor. En lugar de eso, es mejor reflejar los sentimientos que podamos observar, centrarnos en lo positivo (para eso nos sirve también la psicología positiva... ¡todo está enlazado!), y tal vez buscar con esa persona la mejor manera de reparar el error.

- Por último, hemos de considerar que nuestro alumnado puede pensar que no es importante, que no sabe qué hacer, que es una persona **torpe**. Y es cierto que todas las personas carecen de parcelas de conocimiento o son un poco negadas para ciertas habilidades, pero nos volvemos a encontrar con el problema de siempre: mirar la mota negra en medio de un blancor de habilidades y capacidades. Es extraño encontrar a una persona realmente inepta. Haberlas, «hailas». Pero algunos niños y niñas o adolescentes actúan como si lo fueran y a veces no intentan otra cosa porque se han dado por vencidos. Decirles a los niños que son «torpes» o que están «atontados», por supuesto que no les ayuda. Mejor será darles autonomía y no hacer nada que ellos o ellas puedan hacer por sí mismos, ayudarles lo justo o dividir las tareas en pequeñas metas para que las vayan alcanzando poco a poco. A estas personas hay que alabarles cualquier paso por pequeño que sea, para que mejoren su autoestima, y no hay que alimentar el sentimiento de «lástima» que a veces se puede tener cuando vemos que no llegan. Mejor es enseñarle habilidades sin hacerlas nosotros y empezar por las cosas que les interesan.

Estoy recordando algunas situaciones en las que los padres y las madres, por querer «ayudar» a sus hijos o hijas, que son «incapaces», llegan a quedar incluso en ridículo. Es serio esto. No se ven, no se oyen, no han reflexionado sobre lo que están haciendo. Se les puede ayudar a los hijos e hijas, pero no en ese momento en que realmente pueden ellos y ellas hacer lo que sea (recordemos el ejemplo de ir corriendo a por el trabajo olvidado). Un exceso de proteccionismo crea personas incompetentes. Y es perfectamente evitable. Revisemos nuestro exceso de ser padres y madres.

Tener en clase una sesión o dos para explicar al alumnado cuáles son estas reacciones, cómo identificarlas, analizar con ellos por qué se producen y ponerles ejemplos para que ellos mismos tengan conciencia de qué les sucede o qué le puede estar sucediendo a un compañero o compañera, favorece que ellos mismos apliquen posibles soluciones (además de las que se cuentan aquí se pueden trabajar con ellos otras), y también que cuando les suceda a ellos o ellas puedan estar más abiertos a que se les «corrija». Es una sensación magnífica pensar cómo el propio alumnado se regula a sí mismo y te ayuda a sobrellevar las posibles incidencias que sucedan. Para ello, una vez más, hay que pasar por el camino de la consciencia.

Y después de hablar con ellos de estas reacciones y búsquedas de ser tenidos en cuenta, siéntate con un cafelito o un mate y reflexiona cuáles de tus alumnos o alumnas están en alguna de esas claves para, de ese modo, estar preparado mentalmente para dar la respuesta idónea.

Allanar el camino, facilitarles la vida, ayudarles a resolver sus dificultades (cuando ellos y ellas estén dispuestos), ofrecerles nuestra comprensión y cariño . . . , ¿no es eso ser un maestro o una maestra en realidad?

CÓMO HACERLO

Metas equivocadas.

Vamos a plantear una forma de explicar en clase a nuestros alumnos y alumnas cómo a veces actúan de una manera, pero en realidad quieren decir otra cosa (en resumen, que necesitan ser importantes para nosotros, tenidos en cuenta, visibles). Por eso a veces ponen énfasis en una manera de comportarse, pues creen que así van a conseguir lo que anhelan, pero en realidad hemos de ayudarles a ser conscientes de que están transmitiendo otro mensaje y llegando a un sitio que no quieren (es decir, a una meta equivocada).

- Podemos comenzar hablando con ellos de forma informal sobre lo importante que es que nos tengan en cuenta. Pediremos que nos den pequeños ejemplos en los que les han hecho caso (en casa o en la escuela) y otros en los que no, preguntándoles cómo reaccionaron o cómo se sintieron. Si no recuerdan un ejemplo suyo propio, que piensen en una situación que vieron de otra persona. Escribimos sus reacciones en clave de búsqueda de atención, deseo de «mandar» o poder, venganza y, por último, ineptitud.
- Después hablamos sobre estos objetivos equivocados con algún ejemplo que ellos hayan contado o les podemos contar nosotros/ as uno tal que así:
  - Llamar la atención:
    - Alguien que interrumpe constantemente la explicación o a cualquier compañero.
    - Alguien que no deja de hacer pequeños ruidos en clase.[59]

  - Búsqueda de poder.
    - Un compañero o compañera que siempre quiere llevar la razón.
    - Alguien que siempre desafía al maestro o maestra.

  - Deseo de venganza.
    - Una compañera o compañero hostil, que siempre está de mal humor.
    - Alguien que se muestra herido o decepcionado con otro compañero/a o con algún profesor o profesora.

  - Incapacidad manifiesta.

---

[59] Tengamos en cuenta que hay alumnado de necesidades que **no puede controlar** hacer ruidos, moverse o siempre están inquietos. Estos ejemplos no sirven y a este alumnado hay que exculparles explicando que son actuaciones que no pueden evitar.

- Alguien que dice siempre que no sabe hacer nada.
- Alguna persona muy retraída y pasiva que a veces manifiesta que no sirve para nada.

Una manera gráfica de que comprendan estas llamadas de atención es utilizar la imaginación:

- Llamar la atención excesivamente es como aparecer disfrazado de dinosaurio a clase.
- La búsqueda de poder es como estar montados en unos coches de choque y querer siempre conducir a toda costa.
- La venganza es como si llegásemos heridos a clase con un puñal en la espalda y nos estuviésemos desangrando buscando alguien a quien poner ese puñal para librarnos de él.
- Quien asume que no tiene nada que hacer es como si fuera un florero debajo de una mesa.

Después les interrogaremos para que tomen conciencia de qué transmiten en realidad con esos comportamientos. Hay que guiarlos para que lleguen más o menos a estas conclusiones o si no pueden, se las escribimos nosotros:

- Llamar la atención. Lo que trasmiten es que creen que son importantes cuando les hacemos caso o les damos un trato especial.
- Búsqueda de poder. Quienes optan por esta forma de comportarse creen que estando al mando es cuando les hacemos caso.
- Deseo de venganza. Estas personas se sienten lastimadas o dolidas (o no queridas) y piensan que haciendo el mismo daño que sienten se les tendrá en cuenta.
- Incapacidad manifiesta. Quien se comporta así realmente cree que no vale nada o es incapaz y con esta actitud trata de convencer a los demás de que no esperar nada de ellos es lo mejor.

Se trata de relacionar el comportamiento que se ve (cómo se posicionan) con las necesidades que hay en lo profundo. Podemos resumirlo así:

ATENCIÓN → Fíjate en mí, hazme especial, hazme caso.
PODER → Estoy al mando, hazme caso.
VENGANZA → Estoy dolido, hazme caso.
INEPTITUD → No puedo hacer nada, hazme caso.

Una vez que una persona toma conciencia de cuál es su situación y toda la clase con él o ella, es más sencillo poder afrontarlo juntos. No vamos a convertir el aula en un rato de psicoanálisis, pero sí que, como grupo-clase, podemos buscar soluciones.

Una forma interesante sería hacer un pequeño cuadro-resumen de estas ideas equivocadas: cuáles son, lo que significan y cómo se manifiestan. Y a partir de ahí buscar dos o tres maneras de afrontarlo como clase para procurar que esas metas equivocadas no terminen en algo disruptivo ni que tenga consecuencias nefastas para el niño/a o adolescente.

Por ejemplo, para el caso del alumno o alumna que llama la atención excesivamente, la clase podría ignorar la conducta y el maestro o maestra reorientarlo hacia alguna tarea diferente. En el caso de la búsqueda de poder el profesorado no ha de tomárselo como algo personal y podría evitar el conflicto planteándole algunas opciones limitadas para que elija. Por su parte la clase puede ayudarle a hacerle consciente de que está en una situación de búsqueda de poder (ya que, en estos casos, se suelen «bloquear», y un compañero o compañera le pueden desactivar con algún comentario amable). Si la persona lo que desea es venganza, todos hemos de parar y reconocer los sentimientos heridos mostrando empatía hacia esa persona. Finalmente, en el caso de quien piensa que no puede aportar nada, los compañeros y compañeras pueden lanzarle algún piropo en forma de cualidad y la maestra o el maestro podría dividir una tarea que le cause dificultad en otras más sencillas para que alcance de forma escalonada la meta.

Seguramente a los niños y niñas de clase se les ocurrirán otras cosas interesantes. Tomemos notas de ellas y, para terminar, hagamos entre todas las personas del grupo-clase un mural que colgaremos en un lugar visible y nos ayudará a ver cuáles son las metas equivocadas de quienes compartimos momentos de aprendizaje juntos y de qué manera las podemos afrontar no solo el profesorado, sino también el alumnado.

Búsqueda conjunta de soluciones.

Si nosotros, los maestros y maestras, logramos estar más conectados con nuestros chicos y chicas, seguramente lograremos que sus vivencias sean más positivas y esto, sin duda alguna, redundará en un mayor éxito escolar. Una de las formas de lograrlo es que nuestro alumnado crea que nosotros, los adultos, nos preocupamos por ellos como personas y por sus estudios. Y no digo que lo «crean», porque en verdad no es así, no, lo que quiero decir precisamente es lo contrario: que nuestra ocupación (más que preocupación) por ellos para que sean personas íntegras y formadas sea de tal forma que ellos lo palpen, lo vean, lo sientan, lo puedan experimentar, sepan que es cierto.

Para ello podemos hacer una sesión en la que les pidamos que nos digan qué suele suceder cuando uno o una tiene problemas en clase o en la escuela con los maestros y maestras. Las respuestas las podemos poner en la pizarra y serán cosas como tener un castigo, ser expulsados, más deberes, familias enfadadas, familias que tienen que ir al centro, gritos, discusiones, vergüenza, etc.

Después les preguntamos cuántos de ellos han sufrido alguna de estas consecuencias. Seguramente serán unos cuantos (¡ojalá sean pocos!) y tal vez alguno o alguna no levante la mano por no pasar bochorno o por querer olvidar lo sucedido. Si alguno o alguna se anima, que nos diga cuál de estas cosas sufrió.

Ahora les vamos a preguntar si estas cosas les ayudaron realmente a mejorar su comportamiento. Seguro que para el 99,99 % no sirvió para nada. Si además les preguntáis si estas acciones les ayudaron a sentirse queridos y queridas, motivados, dispuestos a cooperar . . . seguramente se echarán a reír.

¿Creerán estos niños y niñas que estas cosas las hacemos «por su bien» como tantas veces han escuchado? Es que a veces no lo creemos ni nosotros.

¿Cómo conectar, entonces?

Porque seguramente tú piensas que haces cosas y te comportas de una manera que los chavales saben (o tendrían que saber) que te preocupas por ellos y ellas (porque . . . te preocupas de verdad, ¿no?).

Y lo que hemos de hacer, antes de motivar su intelecto, es llegarles al corazón, transmitirles el mensaje de que nos preocupamos por ellos ocupándonos de sus cosas de manera afectuosa.

- La forma en que nos dirigimos a nuestro alumnado importa.
- La manera en que los valoramos importa.
- El modo que tenemos de invitarles al conocimiento importa.

Cualquier cosa no vale porque para nosotros tampoco vale que se dirijan a nosotros de manera seca y seria (preferimos una amable, aunque seria) o la manera en que nos valoran nuestros compañeros y compañeras cada día nos importa y el modo en que enseñamos también influye (pensemos en cómo aprendimos) y si a nosotros nos importa, a ellos también. Son personas y además inmaduras. Si ellos logran sentirse cuidados por nosotros en el trato, no necesitarán llamar la atención de las maneras que hemos visto.

Si andamos a gritos e intentamos apagar fuegos así, no estamos trasmitiendo esa preocupación que seguro que tenemos. Hay que escuchar más y tomárselos en serio porque el mensaje que les llega es: «Tengo un problema y lo pago contigo» o «No me gusta lo que hago» o tal vez «No quiero estar aquí». Y seguro que no es cierto. A la mayoría de maestros que conozco les encanta su trabajo, pero su lenguaje vital dice lo contrario. Es para pensarlo seriamente.

Conectar es, además, apreciar aquello que hace que una persona sea diferente, su «superpoder», que pueden ser cosas sencillas como dibujar, rapear o conocer en todo momento qué sucede en la clase. Cuando le descubres a un alumno o alumna que te has dado cuenta lo bien que baila o cómo tiene siempre sus cosas tan bien ordenadas estás diciéndole «Me importa cómo eres y aprecio tu singularidad», y esto nos ayuda a conectar.

Si tienes sentido del humor la cosa mejora mucho, pero antes de nada averigua si tu humor se entiende, si es adecuado, si les hace gracia y observa si se ríen fruto de tu humor o si lo hacen de ti. No es la primera vez que encuentro gente graciosa y gente que piensa que lo es pero que ¡para nada! Yo, en particular, no soy muy gracioso que digamos, pero me encanta el humor y me gusta que mis alumnos y alumnas suelten alguna cosa de vez en cuando y me río mucho, además de procurar no ofenderme, claro. A ellos les funciona conmigo.

Conectar con tus niños y niñas facilita que se pueda ayudar a buscar con ellos y ellas la solución de cualquiera de sus dificultades porque ellos sabrán que los escuchas, que les aprecias, que les valoras y por tanto confiarán en ti y te pedirán ayuda cuando lo necesiten. No olvides que para ellos/as lo que sea será muy importante, aunque ellos no lo vean así.

No olvidemos que hemos de propiciar que sean ellos los que encuentren las respuestas a sus preguntas y las soluciones a sus dificultades y para ello hemos de cerrar la boca (a menos que nos pidan consejo), abrir los oídos y tener el corazón a punto para acogerlos con sinceridad. Chica tarea.

12

Pequeñas reflexiones finales

Hay cosas que no me quiero dejar en el tintero y que constituyen un conglomerado interesante, a mi juicio, de técnicas o maneras de entender la educación que podrían ser de utilidad.

a. **Visualización.**

Esta técnica la he utilizado mucho a lo largo de mi vida y nos permite recrear lo que puede suceder anticipándonos a las situaciones antes de que ocurran. Es una técnica de afrontamiento que puede realizarse así:

- Primero nos planteamos el objetivo que queremos llevar a cabo como una intervención en una conferencia, una entrevista, una exposición en clase . . .

- Después buscaremos un lugar donde podamos estar un rato a solas y poder realizar la visualización.

- Cuando estés lista o listo, cierra los ojos e imagina lo que va a suceder con la mayor precisión que puedas: cómo entras al lugar, qué haces, dónde colocas tus cosas, si enciendes o no el proyector o el micrófono, lo que vas diciendo, cómo te mira la gente, qué es lo que hacen, cómo afrontas las preguntas que te van a hacer . . .

Cuanto más detalle, mejor. Si ves muchas posibilidades, tendrás más opciones de «revivir» lo que aún no ha sucedido y serás una persona mejor preparada a afrontar lo que te pueda venir y aunque la realidad supera muchas veces la ficción, algunas cosas no te pillarán por sorpresa.

– Cuando creas que ya has practicado suficiente, date un momento respirando profundo y termina la sesión contigo misma. Es un placer estar con uno, ¿verdad?

Esta técnica de visualización, con la práctica, se puede hacer cuando vas en metro, caminando o en medio del ruido de casa, aunque eso sí, ¡¡ten cuidado no te vayas a pasar la parada del bus!!

b. **Pequeñas pautas educativas.**

A veces fallamos en lo más básico porque queremos ir más rápido que el propio tiempo y nos olvidamos de cosas sencillas que nos pueden hacer marcar la diferencia y que hemos de recordar. Os echo una mano poniéndoos delante vuestra algunas de ellas:

– Tener unos objetivos educativos claros. Esto no es insustancial, ni trivial, puesto que sabemos que nuestra tarea va más allá de lo formativo (es también educativa) y necesitamos enfocar nuestros esfuerzos hacia objetivos concretos que favorezcan nuestra tarea educativa como intentar ser referentes como personas, reconocer con humildad nuestras equivocaciones o procurar ser más dialogantes. Cosas importantes y básicas, pero que necesitamos tener delante de vez en cuando. Y, por favor, no más de dos o tres por curso.

– Enseñar con claridad y ser concreto en los aprendizajes. Ya hablamos anteriormente de las órdenes alfa (que nos ayudan a ser personas concretas en lo que decimos), pero, en este caso, me refiero a que lo que presentamos a nuestro alumnado sea expuesto de forma que todos y todas lo comprendan bien. Echar mano al DUA[60] no es una mala idea y hay muchos artículos y referencias que nos pueden ayudar a facilitar a nuestro alumnado llegar al fondo del conocimiento.

---

[60] DUA: Diseño Universal de Aprendizaje es un modelo de enseñanza que favorece la comprensión de todo el alumnado atendiendo su diversidad minimizando las barreras que puedan impedir su comprensión. Hay muchas páginas escritas sobre ello y muchas formas de hacerlo.

- Dar tiempo a que el aprendizaje cale. Una vez más la inmediatez nos hace pensar que nuestro alumnado aprende a la primera o haciendo un par de veces alguna tarea. Craso error. Las personas necesitamos tiempo, como las cosas buenas de la vida, para que el aprendizaje cale en nosotros, nos sea significativo y se automatice. Por eso yo, personalmente, abogo por aprender menos contenidos con más profundidad y no intentar que nuestro alumnado aprenda todo como si no hubiera un mañana. Es una opinión.

- Dar valor a los esfuerzos que hace tu alumnado por mejorar. A veces se necesita dar reconocimiento al esfuerzo más que al resultado y no mediante halagos y más halagos, sino poniendo en valor el proceso. Es mejor decir a un alumno o alumna «Se ve que te has esforzado mucho en esta tarea», que decirle «¡Eres muy listo! ¡Qué bien lo haces!», porque está demostrado que al alumnado que se elogia por parte de los maestros puede caer en no querer realizar tareas más complejas (sino aquellas por las que sabe que le elogian) y que a veces se tornan personas más inseguras por temor a decepcionar a sus profesores o profesoras.[61] Lo mejor es reconocer los logros en el momento siendo concretos con lo que se ha hecho en lugar de con la persona. Me explico: todos entendemos que cuando un niño o una niña hacen algo «malo» es mejor poner el acento en lo que se ha hecho en lugar de decirle «¡Qué malo eres!». Pues lo mismo sucede en positivo; es mejor **reforzar lo que se ha hecho** en lugar de decir «¡Qué bueno eres!».

- Actuar más y sermonear menos. Aquí tengo que entonar el «mea culpa», porque durante mis inicios en el mundo educativo reconozco que fui una persona a la que le «molaba» más sentir que se explicaba con claridad y que todo el mundo le

---

[61] Hay estudios, como el de la estadounidense Mary Budd Rowe, que sugieren que el elogio llama al elogio y que su uso produce «tolerancia a la alabanza». Se puede ver un estudio en español en https://www.redalyc.org/pdf/175/17514484009.pdf

entendía en lugar de hacer más y dejar que la gente entendiera con el ejemplo. Y tengo que decir que el toparme con la Disciplina Positiva abrió mi mente a una manera de decir las cosas con la vida más que con las palabras y, en verdad, es la mejor forma de decirlas. Sobre todo, a los niños y niñas (aún más a los adolescentes), puesto que lo que experimentan es mucho mejor que lo que les puedas contar.

- Y a colación de lo anterior, es muy bueno saber reconocer los errores. Si queremos que nuestro alumnado aprenda a reconocer que se ha equivocado sin sentimientos de culpa, sino con ganas de mejorar, nosotros y nosotras hemos de ser los primeros en llevarlo a cabo.
- Por último, plantearnos seriamente (no me canso, no) ser personas ejemplares y modélicas para nuestro alumnado. Es que somos modelos hagamos lo que hagamos, pero, si lo que hacemos es transmitir valores como los que hemos visto en este libro, ¿cómo no vamos a tener buenos alumnos y alumnas? Ya que se fijan en uno, que sea para bien.

c. **Dedica tiempo a las personas «intermedias»** (no son los extremos, los buenísimos ni los malísimos).

Siempre se ha dicho que se ha de atender al alumnado «por abajo» y «por arriba», es decir, quien necesita más ayuda para que pueda llegar al nivel y aquellas personas que se aburren en clase porque lo tienen superado, precisamente para que no se cansen. Si pensamos un poco, la mayoría de nuestro alumnado se encuentra entre esos dos límites y para ellos y ellas no hay cursos ni libros ni recomendaciones especiales, pero son el grueso del grupo-clase y hay que prestarles atención.

Lo mejor que podemos hacer es que sean nuestros aliados a la hora de llevar la clase. Y para eso también hay que dedicarles tiempo.

La psicología positiva nos ha enseñado lo importante que es revalorizar a las personas desde sus cualidades positivas y, claro, no olvidar hacerlo con este grueso de personas es muy importante.

En pequeños detalles hay que cuidar este «rebaño» y se debe empezar detectando los y las líderes del grupo. Esta información nos la va a dar el sociograma. Y no hay que sorprenderse de que algunos de los líderes sean precisamente ese alumnado que molesta en clase o es disruptivo que tiene a su alrededor a los «palmeros» que le siguen donde va. A estos líderes, si te los «camelas», has ganado ya medio partido.

Pero vengo a referirme a esos líderes (a veces a la «sombra») que también se registran en el test sociométrico y que no parecen dar problemas de comportamiento. Buscar que sean tus aliados es una tarea que te hará ganar muchos puntos y que, además, te va a permitir llevar mejor el peso del grupo-clase.

d. **Conoce las necesidades de tu alumnado con necesidades.**

Es muy común tener alumnado con necesidades especiales en un grupo-clase «normal», puesto que la escuela cada vez más es una muestra de la ciudad, del país y del mundo en el que nos movemos. Algunas veces desconocemos qué le sucede a alguno de nuestros alumnos o alumnas y, claro, si no prestamos atención a esos pequeños informes que nos facilitan normalmente desde orientación ni vamos a charlar en un hueco con algún orientador u orientadora que nos pueda poner al día, es fácil que esa persona pase desapercibida y no reciba, por nuestra parte, la atención que merece.

No voy a tratar aquí todos los casos, pero hay uno especial en el que, por su crecimiento continuado últimamente, me voy a detener: el alumnado TDHA. A veces confundimos este alumnado con alumnado disruptivo porque es probable que «no pare» en clase y, claro, una mala identificación puede hacer que se haga una mala praxis por nuestra parte. Hay que conocer algunas estrategias sencillas para ayudarlos y, de ese modo, hacer que nuestras clases sean lugares mejores donde ellos y ellas puedan estar. Por ejemplo:

– Tener una relación positiva con ellos. No intentemos pensar que hacen lo que hacen porque quieren fastidiar; la realidad es que no lo pueden evitar y los hemos de mirar con compasión.

- Reforzarlos positivamente. Tenerlos de nuestro lado es esencial para que el ambiente de clase sea mucho mejor. Por eso unas palabras amables, cariñosas, etc., pueden ser muy útiles para trasmitirles tranquilidad y, si cada vez que hacen algo bien, por pequeño que sea, se lo celebramos, mejor que mejor.
- Corregir sus «nervios» con delicadeza y con una sonrisa, nunca dejándolos en evidencia frente a sus compañeros de clase. Hay que entender, de nuevo lo diré, que ellos la mayoría de las veces NO LO PUEDEN CONTROLAR y no quieren fastidiar o llamar la atención, es que no pueden hacer otra cosa.
- Dejarles participar en clase. Algunos o algunas de ellas querrán intervenir constantemente. No hay que perder la calma. Se explica con tranquilidad que tendrán su turno de palabra y, a su tiempo, se le dará para que comparta lo que necesite.
- Sentarlos en primera fila, cerca del profesor. No ya para controlarlos, sino para estar cerca de ellos si tienen alguna necesidad. Os repito que no son personas disruptivas en su inmensa mayoría. Y necesitan, como los demás, del maestro.
- Ser pacientes con sus movimientos en clase. Tal vez se le pueden mandar tareas como borrar la pizarra, ir a por una tiza . . . De esa forma vienen y van y les ayudamos a centrarse.
- Darle mandalas para colorear. Si puedes, quédate algún recreo con ellos coloreando mandalas: es una estupenda forma de que fijen su atención porque lo hacen casi sin darse cuenta y los resultados . . . ¡¡¡ Pueden ser geniales!!!
- Darle más tiempo para hacer las tareas y los exámenes. O tal vez mándales menos tareas o pon menos preguntas en sus exámenes. De este modo, verán que son capaces de hacerlo como los demás y estarán motivados.

e. **Fomenta el pensamiento crítico.**

Hoy día las *fake-news* están al orden del día y la globalidad de nuestro mundo hace que nos lleguen muchas, pero que muchas informaciones al día, algunas de ellas falsas.

Esto es preocupante, pero pensemos en nuestro alumnado al que le llega mucha más «info» que a nosotros y nosotras por las RRSS y que a veces está convencido de algo porque le ha llegado muchas veces. Ya sabéis lo que se decía en la propaganda nazi de forma más o menos explícita: «Una mentira contada una vez sigue siendo una mentira, pero repetida muchas veces se convierte en una gran verdad»,[62] y así fue la cosa.

El tema de la verdad es complejo; tenemos una verdad científica, o sea, la que se puede demostrar utilizando métodos científicos, pero también una verdad filosófica, ideológica, religiosa . . . , pero no todas ellas tienen el mismo grado de validez para cada persona. Además, hay opiniones sobre diferentes temas que son eso, opiniones pero no verdades. Aunque yo escuché a un abuelo decir «no es que sea porque lo digo yo, es que es así», imaginaos. Además, debajo de muchas de las noticias falsas podemos encontrar hechos reales y sufrimiento de verdad: como parte de esa falsedad exagerada o como parte de quien la pone en juego. Recopilar información sobre el tema que nos preocupa es lo primero que hay que hacer para tener una visión más clara de lo que realmente está sucediendo. Si el tema se puede contrastar con datos científicos, mejor que mejor. De lo que se trata es de tener una idea objetiva de lo que sucede. Esto se puede hacer en clase con cualquier tema que hayas preparado con anterioridad y que sepas que es una *fake news*. De este modo, ayudas a tu alumnado a no creerse lo que sea.

En el proceso de buscar la veracidad de las cosas, puede suceder que tengamos ciertos perjuicios por diversas causas (la familia en que me crie, una experiencia concreta, algo que aprendí . . .) y hemos de procurar aislarlos para que nuestra evaluación sea más veraz.

Si para interpretar la información o los datos que has recopilado necesitas ayuda, pues se pide ayuda y no pasa nada (bueno, sí pasa algo, pero no es malo, al contrario). También abrir un

---

[62] Frase atribuida a Joseph Goebbels.

diálogo entre todos para ver qué opinión vamos teniendo al respecto (después de todo el proceso, claro) es una buena forma de ayudar a aclararse, puesto que las cosas son más significativas cuando las haces, las enseñas o las defiendes.

Epílogo

Os voy a presentar a algunas personas[63] que he ido encontrando a lo largo de mi vida. Sus historias podrían ser las de algunos de vuestros alumnos o alumnas. ¿Conocéis alguno o alguna?:

- Marco. Marco es de etnia gitana y está habituado a que en casa le digan las cosas a voces e incluso con algún tortazo que otro. Es el mayor de 4 hermanos y acaba de llegar a 1º de la ESO. En primaria los maestros más o menos lo trataban bien y él y solo repitió una vez, y aunque no trabajaba mucho, se encontraba a gusto. Ahora en el instituto todo es peor: no le dejan moverse de clase, tiene un montón de profesores y profesoras y cada uno con una canción distinta. No encuentra a nadie con quien tenga afinidad y además en clase parece que le hablan en chino porque no entiende nada de nada. Ya lo han expulsado un par de veces «por la cara» (algo que él no comprende) y la verdad es que no le gusta estar ahí. Hay algunos maestros que le tienen tirria y cada vez que pueden lo «largan» fuera. Él, por supuesto, no se queda callado porque no le va a gritar ni su madre. ¿Qué será de Marco dentro de 10 años? Solo Undibé[64] lo sabe.
- Marta. A Marta le encanta estudiar lo que pasa es que su casa es un infierno: sus dos hermanas son cada una de un padre distinto y ahora su madre vive con otro hombre que no es su padre y que pasa de ella totalmente como su madre. A ella le

---

[63] Hemos cambiado los nombres para preservar su intimidad.
[64] Dios en caló.

da igual, pero lo que no soporta es cuando su hermana mayor, Sonia, se mete con ella. Sonia siempre fue muy mala estudiante y no soporta que a Marta le guste estudiar. Es que le da coraje y siempre que se mete en su cuarto anda molestándola e incluso a veces le ha roto alguna hoja para que no siga estudiando. Marta sufre en silencio porque su otra hermana, más mayor aún, tiene una niña pequeña y está embarazada de otra (también de otro padre) y claro, no hay nadie que le eche cuenta. Por eso Marta está tan ocupada entre clase y clase para que le digan una palabra afectuosa y también para hacer la tarea: porque vaya que en su casa no pueda recibir nada ni hacer nada. Todo un show.

- Juan. Desde que era pequeño le están diciendo a Juan que es un inútil y que no vale para nada. Tanto es así que ha llegado a creérselo. Por eso en clase anda distraído y a su bola; total, si no va a entender nada de nada. Ya repitió en primaria todo lo que pudo y ahora en el instituto las cosas le entran por una oreja y le salen por otra. Él solo quiere pintar y que le dejen en paz. Es el más grande de la clase y no tiene amigos en ella, salvo cuando sale al recreo y se encuentra con los demás repetidores que, bueno, digamos que le toleran si hace lo que le dicen.
Cuando algún maestro o maestra le habla en clase, se queda muy callado y se recuerda a sí mismo lo inútil que es, que no sabe ni estar en clase desapercibido. Bueno, otra regañina. Mientras no le quiten su cuaderno de dibujo, todo va bien.

- Julia. Julia descubrió en su pareja una dependencia total. Solo tenía 13 años, pero lo que descubrió con José no lo podía imaginar. Ella ya sabía algo sobre tener un rollo, pero con José todo era diferente. Aunque lo que hacían a veces no le gustaba del todo, José siempre le daba un placer nuevo que le hacía vibrar. Además, le hablaba con mucha seguridad y eso le gustaba. No importaba que fuera de 3º de la ESO (y, además, repetidor) y que ella estuviera en 2º porque para el amor no había edad. El caso es que se pasaba gran tiempo pensando en su próximo encuentro y hablando con las amigas de todo lo que José le hacía y significaba para ella. ¿Qué más le daba Lengua o Matemáticas? Es que eso no importaba ahora. Lo que importaba era estar con José, aunque él no le hiciera mucho caso en los recreos, pero todas las tardes la llamaba para bajarse a dar una vuelta o para estar en su casa si no estaban sus padres, claro. Y eso era lo más. No había otra cosa más que hacer que esperar a que José la llamara. Eso y estar guapa para él. ¡Qué suerte tenía!

- Manu estaba ya en 3º de la ESO, pero tenía pendientes todo 2º y todo 1º. Y también algo de primaria, aunque no recordaba muy bien qué. ¿Qué más da? Lo que cuenta es ser el más chulo del instituto. Nadie podía mandar más que él en los recreos ni tampoco en las clases. Aunque apenas iba. Y cuando iba lo echaban porque los maestros le vacilaban y ¡eso no podía ser! Él tenía que quedar por encima. ¡Si es que ni en su casa podían con él! Su madre hacía siempre lo que él quería, ¡faltaría más! Desde que su padre les dejó a los dos él hacía lo que le daba la gana. Su madre era una blanda, ya lo decía su padre y ¡tenía razón! Cuando era pequeño le hacía caso, pero ahora quien le tenía que hacer caso era su madre. Para eso era ya un hombre. Manu pasaba mucho tiempo con el móvil, la *play* y algunas veces fumando porros, ¡eso sí que molaba! Esa era la razón por la que no había dejado el instituto, aunque estaba ya para 17 años: el que le vendía estaba en el instituto y además era uno de esos chavales «to» buenos de los que nadie sospechaba. ¡Era perfecto! En la calle también conseguía, pero era más caro.

Estas personas se toparon conmigo en un momento dado de la vida y cuando fui sabiendo sus vidas sentía un poco de impotencia, porque no podía controlar lo que les ocurría, me sentía muy abrumado al ver que la situación me superaba e incluso algo bloqueado porque ¿qué podía hacer? ¡Demasiado para cualquiera!

Lo que no iba a hacer era echarlos de clase sin escucharlos y darle alguna opción. Al menos no era mi intención. Ellos y ellas necesitaban charlar, tener un apoyo y sentir que eran útiles al menos en mi clase (que era un territorio que yo podía controlar), que eran personas capaces de hacer algo, aunque fuera «supersencillo» y no tuviera que ver nada con las «mates». Todo para encontrar la forma, si acaso era posible, de que fueran un poco conscientes de su situación y que había otras formas de hacer algunas cosas.

Todo un reto que me ayudó a buscar formarme y a transformar mi forma de entender la educación.

A estas personas les debo parte de lo que soy: mis ganas de mejorar, mi incesante búsqueda de herramientas/teorías/experiencias que me puedan aportar algo nuevo/diferente/útil que hacer en clase y, cómo no, mi afirmación en esta maravillosa vocación de maestro que me invita cada día a ser mejor persona y que me activa a ello porque, precisamente, siendo cada vez un poco más íntegro como persona es la forma de que nuestro alumnado sea, también, cada vez un poco mejor. Todo no vale.

Bibliografía

Alfonso, A., Nunes, S., Domínguez-Lara, S. y Simão, C. (2023). Los factores de personalidad de los docentes en la gestión de conflictos en el aula. *Revista Electrónica Interuniversitaria de Formación del Profesorado*. https://doi.org/10.6018/reifop.552051

Arguís Rey, R., Bolsas Valero, A. P., Hernández Paniello, S. y Salvador Monge, M. (2012). Programa «AULAS FELICES». Psicología Positiva aplicada a la Educación. Equipo SATI. Dirección del Equipo SATI en Internet: http://catedu.es/psicologiapositiva

Ballester Vallori, A. (2002). El aprendizaje significativo en el aula. Seminario de aprendizaje significativo.

Bernard-Cavero, O. & Llevot-Calvet, N. (2016). El papel de las AMPA en los centros escolares: actuaciones y retos. *RASE: Revista de la Asociación de Sociología de la Educación*, 9(3), 359-371. https://doi.org/10.7203/RASE.9.3.8984

Bisquerra, R. (2011). *Educación emocional. Propuestas para educadores y familias*. Desclée De Brouwer.

Chóliz, M. (2005). *Psicología de la emoción: el proceso emocional*. www.uv.es/=choliz

Coca, P. (2021). *Esas cosas que nos pesan*. Editorial Bruguera.

De Bono, E. (1999). *Seis sombreros para pensar*. Ediciones Juan Granica S.A.

E. Noll, D. (2023). *Desescalar. Cómo calmar a una persona furiosa en menos de 90 segundos*. Editorial Arpa.

García, R., Traver, J. A. y Candela, I. (2001). *Aprendizaje Cooperativo. Fundamentos, características y técnicas*. Editorial CCS.

García-Grau, E. (coord.) (2010). *Manual de intervención conductual en contextos educativos.* Ediciones Paidós.

Greenberg, L. (2000). *Emociones: Una guía interna.* Desclée De Brouwer.

Goleman, D. (1998). *La práctica de la inteligencia emocional.* Editorial Kairós.

Hopkins, B. (2011). *Prácticas restaurativas en el aula: un enfoque para mejorar la convivencia y la resolución de conflictos.* Graó.

La Prova, A. (2017). *La práctica del aprendizaje cooperativo.* Madrid: Narcea.

Marín Escobar, J. C. (2010). Revisión teórica respecto a las conductas prosociales. Análisis para una reflexión. *Psicogente,* 13 (24): pp. 369-388. Diciembre, 2010. Universidad Simón Bolívar. Barranquilla, Colombia. ISSN 0124-0137 EISSN 2027-212X. http://www.unisimonbolivar.edu.co/rdigital/psicogente/index.php/psicogente

Maroto, J. L. (2000). La escuela y la pérdida de sentido. *Revista de educación.* Recuperado de http://www.redined.mec.es/oai/indexg.php?registro=008200230114

Matthew van Poortvliet, Aleisha Clarke y Jean Gross (2023). *Cómo mejorar el aprendizaje social y emocional en las escuelas de primaria.* Fundación «la Caixa».

Mruk, C. (2007). *Autoestima. Investigación, teoría y práctica.* Biblioteca de Psicología. Desclée de Brouwer.

Nelsen, J., Loot L. y Glenn, H. S. (2022). *Disciplina positiva en el aula.* Editorial Medici.

Nelsen, J. y Loot L. (2019). *Disciplina positiva para adolescentes.* Editorial Medici.

Neill, A. S. Summerhill (2023). *Un punto de vista radical sobre la educación de los niños.* México. Fondo de cultura económica.

Niemiec, R. (2018). *Character Strengths Interventions.* Hogrefe Publishing

Parody García, L., Santos Villalba, M. J., Alcalá del Olmo Fernández, M. J. y Isequilla Alarcón, E. (2019). El desafío educativo del siglo XXI: relevancia de la cooperación entre familia y escuela. Espiral. *Revista del profesorado.* Vol. 12, n.º 24. Recuperado de file:///home/am/Descargas/Dialnet-ElDesafioEducativoDelSigloXXI-6882603.pdf

Pérez Escudero, M. (2007). *Poner fin a la violencia en la escuela: guía para los docentes.* Madrid: Ministerio de Educación y Ciencia.

Perrenoud, P. (2004). *Diez nuevas competencias para enseñar*. Editorial Graó

Pérez García, F. y varios autores (2023). *Presente y futuro de la juventud española. Una perspectiva socioeconómica*. Fundación BBVA.

Reeve, J. (2002). *Motivación y emoción*. Mc Graw Hill.

Roca, E. (2014). *Cómo mejorar tus habilidades sociales*. ACDE Ediciones.

Rogers, C. (1981). *El proceso de convertirse en persona*. Editorial Paidós.

Rogers, C. (1986). *El camino del ser*. Editorial Kairós.

Ruiz Román, C., Velasco Fano, P. y Juárez Pérez-Cea, J. (2022). *El salto. La resiliencia: afrontar y acompañar la adversidad*. Ediciones Mágina.

Sánchez Hernández, O.; Méndez Carrillo, F. (2009). El Optimismo como Factor Protector de la Depresión Infantil y Adolescente. *Clínica y Salud*, Madrid, v. 20, n. 3, p. 273-280, 2009. Recuperado de http://scielo.isciii.es/scielo.php?script=sci_arttext&pid=S1130-52742009000300008&lng=es&nrm=iso

Segura, M. (2005). *Enseñar a convivir no es tan difícil*. Bilbao: Desclée de Brouwer.

Segura, M. (2009). *Ser persona y relacionarse*. Madrid: Narcea.

Vaello Orts, J. (2007). *Cómo dar clase a los que no quieren*. Madrid: Santillana.

Vaello Orts, J. & varios autores (2006). *La disrupción en las aulas. Problemas y soluciones* (Conocimiento Educativo. Serie: Situación).

Vivas i Elias, P. *Técnicas de dinámicas de grupos*. Universitat Oberta de Catalunya.

Sobre el autor

Antonio María Hernández

 Antonio María Hernández es un matemático y docente con más de veinte años de trayectoria, combinando el rigor académico y la praxis educativa.

Posee un máster en psicología (especializado en problemas de conducta) y es maestro en psicología positiva. Además, es experto en educación emocional y disciplina positiva, mediador escolar y jefe del departamento de convivencia del IES n.º 1 Universidad Laboral de Málaga.

Es autor del libro «Educación Con-Vivencia» de esta misma editorial y vocal del Observatorio de Convivencia de Andalucía. Ha sido ponente en jornadas, congresos y en la Universidad de Málaga durante los últimos 16 años, abordando temas como la convivencia, la organización escolar, la participación activa, la gestión socioemocional y el aprendizaje significativo.

Además de impartir matemáticas, dirige un taller optativo de mediación y resolución de conflictos para la ESO, integrando la investigación, la formación y la práctica en favor de una educación más participativa.